国家自然科学基金项目（71964022）资助
国家自然科学基金项目（72064027）资助

电力需求侧信息质量的测量体系与改进方法研究

朱益平　刘春年　刘晓东　著

中国财经出版传媒集团
中国财政经济出版社

图书在版编目（CIP）数据

电力需求侧信息质量的测量体系与改进方法研究／朱益平，刘春年，刘晓东著．－－北京：中国财政经济出版社，2021.3

ISBN 978－7－5223－0183－9

Ⅰ.①电… Ⅱ.①朱… ②刘… ③刘… Ⅲ.①电力工业－工业企业管理－用电管理－质量评价－研究－中国 Ⅳ.①F426.61

中国版本图书馆 CIP 数据核字（2020）第 230537 号

责任编辑：彭　波　　　　　责任印制：史大鹏
封面设计：卜建辰　　　　　责任校对：胡永立

中国财政经济出版社 出版

URL：http：//www.cfeph.cn

E－mail：cfeph@cfeph.cn

（版权所有　翻印必究）

社址：北京市海淀区阜成路甲 28 号　邮政编码：100142
营销中心电话：010－88191522
天猫网店：中国财政经济出版社旗舰店
网址：https：//zgczjjcbs.tmall.com
北京财经印刷厂印刷　各地新华书店经销
成品尺寸：170mm×240mm　16 开　12 印张　200 000 字
2021 年 3 月第 1 版　2021 年 3 月北京第 1 次印刷
定价：68.00 元
ISBN 978－7－5223－0183－9
（图书出现印装问题，本社负责调换，电话：010－88190548）
本社质量投诉电话：010－88190744
打击盗版举报热线：010－88191661　QQ：2242791300

前言

高质量的电力需求侧信息对电网建设项目科学决策十分必要，同时高质量的电力项目建设对于国民经济十分重要。经济新常态下我国面临新的发展机遇和挑战，党中央和国务院提出了"供给侧结构性改革"战略，习近平总书记在省部级主要领导干部学习贯彻十八届五中全会精神专题研讨班上指出，供给侧结构性改革，既强调供给又关注需求。国务院总理李克强在"十三五"规划纲要编制工作会议上称："要在供给侧和需求侧两端发力促进产业迈向中高端。"

为贯彻落实党的十九大以来党中央、国务院关于高质量发展的重大决策部署，电力需求侧管理应坚持目标导向、问题导向、需求导向，与电力供给侧结构性改革同频共振，着力推进全社会用电宏观和微观管理、综合用电服务升级发展，推动电力经济发展质量变革、效率变革、动力变革，助力建成高质量的小康社会，谱写电力需求侧管理自身高质量发展新篇章。

狭义的电力需求侧信息主要是指电力用户和企业用电的需求信息，而广义的电力需求侧信息包含一切影响到用电需求的信息，例如，政府政策、法规、文件，电力负荷波动，社会经济发展速度，自然灾害，甚至相关负责人的口述等信息，都会作用于用电需求，从而对电网规划建设甚至电源规划建设都有重要的影响。而现实中电源、电网建设投资失败，建设停滞，建成后不满足当地电力需求等负面案例却时有发生。究其原因，很大一部分来源于没有有效掌控影响电力项目投资决策的电力需求侧信息，虽然电网等相关部门逐渐认识到掌握电力需求侧信息的重要性，但笔者查阅文献发现目前电力需求侧信息质量理论和方法的研究亟待完善。经过前期调研，发现信息质量的测量体系和改进方法是信息质量水平及提升的关键科学问题。因此，研究并建立一套完善的电力需求侧信息测量体系，对电力需求侧信息质量进行评价和提高十分必要。

本书是由朱益平、刘春年、刘晓东三人共同完成的，其中朱益平主要负责理论框架与模型构建，刘晓东负责数据收集和整理，刘春年负责基础理论归纳以及数据计算部分。本书分为7章，分别是绪论、理论概述、DSM信息质量测量的框架与尺度、DSM信息库构建与周期性提高的策略、DSM信息质量的评价、DSM信息质量的改进以及结论与展望。具体分工而言，朱益平主要负责第一章、第三章与第六章的撰写；刘晓东负责第四章的撰写；刘春年负责第二章与第五章的撰写。

本书是国家自然科学基金地区科学项目"电力需求侧信息质量的测量体系与改进方法研究"（71964022）、"考虑媒介与危机类型双因素作用的用户信息需求波动机理及优化研究（72064027）"的阶段性成果，感谢国家自然科学基金委对本研究工作的支持。

在本书的研究过程中，参阅了大量的国内外书籍和期刊，并在参考文献中尽可能逐一列出，在此特向这些作者表示深深的感谢。由于作者的疏忽，难免有疏漏的地方，敬请见谅。

本书的主要内容源自于作者在华北电力大学时的博士期间研究的延伸，感谢我敬爱的博士导师王敬敏老师对本人研究工作的悉心指导；我还要感谢我指导的首届硕士研究生冯玮在本书中的贡献，她在资料收集、问卷访谈和数据分析中做了大量基础工作。

本书的出版期望能在电力/能源信息与信息管理的交叉研究提供一些研究思路和成果,并为在类似领域进行研究的学者们抛砖引玉。但由于作者水平有限,虽几经改稿,书中疏漏之处在所难免,欢迎广大读者批评指正。

朱益平

2020.10

目　　录

第一章　绪论 ·· 1

　　第一节　研究背景及研究意义 ··· 1
　　第二节　国内外研究现状分析 ··· 5
　　第三节　本书结构与内容设置 ··· 12
　　第四节　本书的章节介绍 ··· 17
　　第五节　本书的特色与创新之处 ·· 18

第二章　电力需求侧信息质量理论概述 ·· 20

　　第一节　电力需求侧管理理论与发展 ·· 20
　　第二节　电力需求侧信息 ··· 33
　　第三节　信息质量理论基础 ·· 42
　　第四节　信息质量管理及其延伸 ·· 51
　　本章小结 ·· 55

第三章　电力需求侧信息质量测量的框架与尺度 ···································· 56

　　第一节　电力需求侧信息质量测量框架 ······································· 56
　　第二节　电力需求侧信息质量维度的定义与测量尺度 ···················· 63
　　本章小结 ·· 72

第四章　电力需求侧信息库构建与周期性提高的策略 ····························· 74

　　第一节　电力需求侧信息库构建 ·· 74

第二节　电力需求侧信息库质量提高的周期性策略 …………… 80
本章小结 …………………………………………………………… 81

第五章　电力需求侧信息质量的评价 ……………………………… 83

第一节　扎根理论基础 …………………………………………… 83
第二节　基于扎根理论构建电力需求侧信息质量评价指标 …… 89
第三节　基于层次可拓理论的电力需求侧信息质量评价与实证 …… 100
本章小结 ………………………………………………………… 130

第六章　电力需求侧信息质量的改进 ……………………………… 132

第一节　信息产品与信息产品图（IP 图） …………………… 132
第二节　统一建模语言 UML …………………………………… 137
第三节　一种基于 IP - UML 的 DSM 信息质量改进方法 …… 146
第四节　信息质量管理的组织、制度与策略 ………………… 150
本章小结 ………………………………………………………… 157

第七章　结论与展望 ………………………………………………… 158

参考文献 ……………………………………………………………… 161
附录　电力需求侧信息质量评价调查问卷 ………………………… 175

第一章

绪　　论

第一节　研究背景及研究意义

一、研究背景

电力需求侧管理（Demand Side Management，DSM）是让企业、用户通过搭建电能精细化管理平台来管理自己企业的用电情况。企业通过电能精细化管理平台进行设备改造、整体优化等技术措施，改善自身用电情况，从而达到节能减排、省电省钱降低成本惠及百姓的目的。电力需求侧管理不仅有助于中国降低对新增燃煤电厂的需要、增加电力高峰时期的调度资源，也能够帮助相对缺乏弹性的电网消纳更多可再生能源，还有利于促进电力市场化改革。电力需求侧资源发展已经达到可观的规模，对其进行科学的管理十分必要。要充分开发电力需求侧资源，其中一项重要内容是对电力需求侧信息进行科学管理，本书所研究的电力需求侧信息不仅仅是指来自电力用户侧的信息，还包括直接或间接影响电力需求的信息，如政府政策信息、电网建设和规划信息、商业信息（如节能服务公司）等。电力需求侧信息管理包括信息收集、分析、存储、加工和应用等，目的在于为培育、支撑未来项目及项目决策提供完善的信息基础。信息质量的问题既是电力需求侧信息管理工作的难点，也是一个关键点。电力需求侧信息质量往往会对电网投资项目的经济社会效益有重要影响，低劣的信息质量严重扰乱电网建设项目的科学决策，使之不能很好地服务当地社会经济发展，造成严重浪费。基于此，本书紧紧抓住电力需求侧信息质量的问题，提出电力需求侧信息质量的测量体系与改进方法，以科学掌握目前信息质量的水平，并提出完善的信息质量改进方法和技术路线，为正确培育未来电网项目、支撑电网项目科学决策，并服务于江西地区电力需求侧资源科学开发提供参考。相关具体论述如下：

（一）电力需求侧资源发展具备一定规模

经济新常态下我国面临着新的发展机遇和挑战，党中央和国务院提出了"供给侧结构性改革"战略，同时，习近平总书记在省部级主要领导干部学习贯彻十八届五中全会精神专题研讨班上指出："我们讲的供给侧结构性改革，既强调供给又关注需求，既突出发展社会生产力又注重完善生产关系，既发挥市场在资源配置中的决定性作用又更好发挥政府作用，既着眼当前又立足长远。"国务院总理李克强在"十三五"规划纲要编制工作会议上称："要在供给侧和需求侧两端发力促进产业迈向中高端。"实现电力需求侧的科学管理也是电力体制改革的重点，新一轮电力体制改革9号文件将"积极开展电力需求侧管理和能效管理"列入五项基本原则重要内容，其第二个配套文件也瞄准了电力需求侧，明确电力需求侧管理的技术支撑工具是电力需求侧管理平台，鼓励运用市场化手段和互联网思维促进全社会参与需求响应。目前，我国电力需求侧资源发展具有以下特点。

1. 已具备一定规模，待挖掘潜力巨大。

以能效电厂（打包众多的电力需求侧项目）为例，根据国网能源研究院完成的《能效电厂建设途径和方法研究》，预计2010～2020年能效电厂可以发电量19661亿千瓦时，相当于减少常规电厂发电22598千瓦时，减少投入近4000亿元。需求响应方面，根据美国商务顾问管理公司Nagivant的一项研究表明，全球需求响应容量有望从2014年的30.8吉瓦增长到2023年的197吉瓦。亚太地区容量有可能与北美地区持平，占全球容量的34.5%。由此可见，中国的电力需求响应市场还有很大潜力。能效管理市场方面，根据能源基金会电力与可再生能源项目部的相关资料，能效管理市场空间超4000亿元，其中工业节能市场空间超过2000亿元，非工业节能市场空间超过2500亿元。

2. 相关模式、技术、硬件、平台的进一步发展。

各种能源科技进步使电力需求侧不仅超越了以往简单的负荷管理，还引发了商业模式的变革。在美国诞生了需求响应负荷集成商这个新的服务行业，除新的商业模式外，各种计量、通信、预测、移动信息技术、智能电网及能源管理软件、硬件方面也取得了长足进步。苹果公司在2014年以32亿美元收购了生产互联网遥控温控器的Nest公司，苹果公司也提供智能家用温控技术。这两种技术不仅以生活时尚消费品推广，也承担需求响应的功能。

3. 相关配套政策正在落地，传统制约因素影响力在减弱。

中国对环境保护问题日益重视、电力改革逐渐加速的背景下，当前的环境对于需求响应发展十分有利。国家建立了全国需求侧管理平台，各地电网企业也建立了节能服务公司，作为电力负荷集成商提供需求响应服务，以新的商业模式融入需求响应。同时，在2015年3月的电力改革文件中，也提出"要从实施国家战略全局出发，积极开展电力需求侧管理和能效管理。"

在建立国家层面的电力需求侧平台后，各省区市陆续提出了电力需求侧平台构建方案。以江西省为例，江西是典型的一次资源匮乏地区，一次能源总量不足全国的0.4%。今后较长一段时间，能源需求压力巨大。但同时，由于江西重工业程度不高，用电负荷不足80%，峰谷差较大，尖峰负荷持续时间很短，节约电能电量的潜力较大。近些年江西省印发了《江西省电力需求侧管理平台建设实施方案》（赣能运行字〔2016〕12号），根据方案要求，经组织专家优选，已确定江西省第一批电能服务示范机构目录，进一步落实了江西地区实施电力需求侧的行动方案。

（二）电力需求侧信息质量管理亟待进一步完善

虽然我国电力需求侧资源较为丰富，发展已具备一定规模，相关配套政策和技术正初步落实，但相比发达国家，电力需求侧项目的管理还存在很大差距，制约我国电力需求侧进一步发展的因素有很多，除了常见的资金、技术、成本方面的问题外，电力需求侧信息质量的问题急需解决。

狭义的电力需求侧信息主要是指电力用户和企业用电的需求信息，而广义的电力需求侧信息包含一切影响到用电需求的信息，如政府政策、法规、文件，电力负荷波动，社会、经济发展速度，自然灾害，甚至相关负责人的口述等信息，都会作用于用电需求，从而对电网规划建设甚至电源规划建设都有重要的影响。电力需求侧信息为何对电网建设和发展如此重要，一些影响表现形式概述如下：

首先，电力需求侧信息对电网建设决策的影响。影响到电网建设决策的经济政策、能源政策、环境政策、政府规划等政策出台，这就造成了影响电网建设决策环境不稳定性；由于城市快速发展，用电负荷变动不规律，对电网建设决策影响较大；清洁能源的使用、政府对企业节能降耗的要求更加严格、电动汽车的使用，也造成了电网建设决策的困难。

其次，电力需求侧信息对电力负荷的影响。电力负荷预测存在较大的不确定性，其表现在：①由于经济快速发展，新上用电项目的建设不确定性较大，其建设速度往往高于计划的要求；②国家规定低碳配额化的要求、高耗能高排放项目得到限制以及提倡清洁能源（天然气、太阳能、地热）以替换传统用电方式，造成负荷不稳定；③某些城市电动汽车项目比较普遍，大量电动汽车的使用也造成了负荷的不稳定。

最后，电力需求侧信息对电网建设的经济性风险的影响。电力产业是资金密集型、技术密集型产业，电网建设尤是如此，电网建设决策上的任何失误，均可能导致数以亿计的巨大经济损失。我国社会经济发展，对电网建设带来了前所未有的机遇，同时也对电网建设决策带来了一系列的困难。经济建设项目的超常规突建与停建、电网项目审批与投资的滞后等多种电力需求侧信息不确定性造成了电网建设决策中不易准确把握负荷需求、供需矛盾突出、中低压电网协调性差等问题，使电网建设经济效益面临较大风险。

而现实中，电源、电网建设投资失败，建设停滞，建成后不满足当地电力需求等负面案例时有发生。究其原因，很大一部分来源于没有有效掌控到影响到电力项目投资决策的电力需求侧信息，虽然电网等相关部门逐渐认识到掌握电力需求侧信息的重要性，但相关工作做的还是不够，如没有建立完善的信息质量测量体系（包括测量维度、指标、方法模型）；没有建立起专业的电力需求侧信息管理平台，而是在其他信息平台中夹杂着若干的电力需求侧信息；没有提出电力需求侧信息改进方法，并在组织内部付诸实施。现存的一些电力需求侧信息是失效的、不适用甚至与现在社会经济发展不匹配的，也可以称其为信息质量的低下。这种低劣的信息不但影响到相关决策，严重情况下还会培育一批与当地社会经济发展不匹配的电力投资项目，造成后期更严重的经济投资浪费。

二、研究意义

综上所述，为了促进电力需求侧项目在我国的发展并打破这些"瓶颈"，有必要立足于电力需求侧信息的视角，抓住信息质量这个关键问题，深入调查我国电力需求侧信息质量管理的现状与不足，采用数学建模、数据统计以及情报学分析模型，提出电力需求侧信息测量体系，建立电力需求侧信息搜集、分析的工具（数据库），评估该信息的信息质量且进行信息质量的改进，实现电力需求侧信息质量科学的管理。

本书的研究有较为重要的理论研究和现实指导意义：

理论研究意义在于，提出一套完善的电力需求侧信息质量测量体系和改进方法等较为原创的方法模型，丰富了现有的研究成果，为后续研究抛砖引玉。

现实指导意义在于，立足于电力需求侧的信息资源，以信息质量为视角，通过构建信息提升的方法模型，以实现电力需求侧信息的科学全面收集、管理和掌握，对区域电力需求侧资源项目的培育、发展和具体开发具有指导意义，相关方法和技术路线可以在电网企业推广开展。

第二节 国内外研究现状分析

本部分将测量体系和改进方法主要的两个内容拆分为电力需求侧信息质量测量框架、测量维度和尺度定义，信息库构建、信息库质量评估，电力需求侧信息质量改进方法共3个方面，具体的研究评述如下。

一、电力需求侧信息质量测量研究评述

测量框架方面，信息质量研究起源于较早的数据质量研究。自20世纪

40年代开始，以计算机为代表的新兴信息技术逐渐应用于数据管理中，人们生产与处理数据能力大幅提升，数据质量问题也开始被重视，学者对数据质量的研究可以分为数据质量内涵的研究和数据质量评价的研究。关于数据质量内涵，国内学者偏向于从用户视角尝试去揭示信息质量的内涵。宋立荣认为，信息质量是一种基于用户需求的实用性质量管理方式，研究方位涵盖信息生命流程的整个完整过程，信息质量的主要问题集中在引起信息产生和分发过程的阶段。关于信息质量的评价，国内学者对信息评价维度与指标构成、评价方法均取得了较为丰富的研究成果，查先进分别对信息质量的定性评估和定量评估的目标进行了界定。信息质量的评价经历了由以数据基本属性为主要对象的评价，转向以信息产品为主要对象的评价，再到以用户为主体、基于用户视角研究的历程。袁维海虽然筛选出信息质量评价的关键指标，提出了模糊综合评价方法，但是由于电力需求侧信息的复杂性和突发性，该方法的应用条件有限，代表性不强。

虽然关于信息质量的内涵以及评价研究成果较为丰富，但对于电力需求侧信息质量的研究却存在不足。由于电力行业资金密集技术密集的特点，电力需求侧信息的质量问题比其他类型的信息质量要求更加苛刻。而且，测量数据准确性呈现的困难是物理测量无法比拟的，困难还表现在测量方法的多样性。因此，在进行测量工作前，有必要建立起数据准确性的测量框架，根据特性环境选择特定测量手段，提高电力需求侧信息质量管理的效率。构建电力需求侧信息质量处理的基础，即电力需求侧信息数据准确性的测量框架，可为电力需求侧信息质量的测量、评价等后续工作奠定基础。

测量维度和尺度定义方面，数据质量维度的定义和量化是数据质量评价的基础，是必须先行解决的问题。关于数据维度比较有代表性的研究是：韩京宇提出了一种在背景范围内的数据质量量化方法QDC（Quantify Dimensions within Context），利用信息论中信息熵指标，将不同类型数据的质量维度统一为通用的度量。刘文奇在讨论公共数据库的公共产品属性及其制造过程的特点基础上，确定了公共数据库中数据质量的维度和数据质量的变权综合评估模型。然而，其他学者较多的是利用已经成熟的数据质量维度的定义和量化方法作为基础，进行数据质量的评价，例如，王华参照国际货币基金组织的"数据质量评估框架"设计了具体的用户满意度测评量表；李天阳分析了元数据在数据质量评估过程中的作用、数据质量评估元数据抽象及元数据的组成，确定工具体系结构，并构建元数据模型。因此，数据质量维度的定义和测量是数据质量评估的重要基础工作，这方面的研究工作需要根据不同评价对象进行具体深入的研究。

虽然关于信息质量的内涵和评价研究成果较为丰富，但对电力需求侧信息质量维度的研究存在不足。电力需求侧信息质量维度的定义和量化尺度是评价工作之前的重要基础工作，由于电力需求侧信息的特殊性，其质量要求比其他类型信息更加苛刻，因此不能照搬其他类型信息的维度定义和量化方法，例如，韩京宇提出维度量化方法将多个维度统一为一个维度，具有很高的计算效率，但同时也影响了信息质量维度的多元性。鉴于现有的不足，提出电力需求侧信息的数据质量维度的定义和测量尺度，对于丰富现有的研究成果，同时实践中指导电力需求侧信息的质量评估，提高电力需求侧信息的信息质量都具有较高的意义。

二、电力需求侧信息库建设与信息质量评价研究评述

电力需求侧信息平台（数据库构建方面）、电网规划辅助决策支持系统较多地出现于电网规划相关方案的决策支持与辅助计算中，余贻鑫首先引入了电网规划计算机辅助决策系统，通过嵌入相关电网规划算法与模型，优化城市电网的规划结果并大大减轻规划人员的工作量。随后，将辅助决策支持系统应用于城市层面的电网规划之中，在电网规划决策支持领域达到了较好的应用效果。在电网规划辅助决策支持系统的基础上进行功能完善和扩充，使电网规划综合信息平台功能更加全面，能满足数据管理、业务与流程管理、决策支持多方面的需求。电网规划辅助决策支持系统或电网规划平台的研发很好地支撑了电网规划工作，其流程（信息）管理能力与决策支持减轻了电网规划人员的负担，起到了较好的应用效果。但是这些系统要充分发挥其电网规划决策支持、辅助计算的功能，一个重要前提是必须全面掌握电网发展和负荷需求等信息，也就是说，电网规划与辅助决策支持系统（平台）之间可能缺少一个重要环节，即电力需求侧所需信息搜集、记录的平台的建立。

电力需求侧信息质量评价方面，主要包括定性评价、定量评价和定性定量相结合的三种评价方法。

第一，定性评价。定性评价是依据专业领域知识和个人经验理解，按照一定的评价标准进行估计和推断的一种评价方法。目前的定性评价方法主要是数据质量指标量化法，许多学者认为数据质量是一个多维度的概念，因此从不同角度提出了数据质量评价的定性指标。早期，Wang等提出了数据质量评价的最基本的4个指标，即准确性、时效性、完整性和一致性，Bobrowski在此基础上，将各个现有指标归类，分为直接指标体系和间接指标体系，并采用GQM（目标—问题式）的方式构建数据质量评价指标。此外，曹瑞昌和吴建明从信息的三元结构出发，阐释了信息质量的指标包括内容质量、集合质量、表达质量和效用质量。针对元数据质量评估，Bruce和Hillmann提出了7个定性评价指标。在强调数据的生产过程中，Strong等定义了数据的4个分类和维度属性，即本质性、可访问性、情景性和表达性，并具体阐述了组织中数据质量本质性、可访问性和情景性的问题；类似的，Lee等在Strong所提出的数据质量的4个维度指标的基础上，从学术视角和业界实践视角，梳理了现有关于数据质量的具体维度特征，通过这些指标的整合，为不同情境下的信息质量评估提供了有效的方法体系。

随着网络技术的发展，在Web环境下，Caro等通过先前文献梳理和问卷调查反馈，构建了与网络门户数据质量相关的33个指标体系。此外，在关联数据的评价中，Gueret等认为，关联性评价的目的是提高数据间的连通性，并借鉴社会网络方法提出关联数据的数据质量评价框架，包括选择、构建、分析、扩展和比较5个阶段，并构建了与网络节点有关的5项度量标准；在Web应用中，也有学者从内容质量的角度建立指标评价体系，如莫祖英等分别从信息量、信息内容质量、信息来源质量和信息利用情况4个方面评价微博信息的质量。

第二，定量评价。定量评价主要是通过数学或其他科学手段而做出的判断和分析评估，能够较好地保证评估结果的科学性和客观性，使其具有较好的信度，多数用于结构化数据库的评价，如针对关系数据库数据质量的精确性和完整性两个重要指标进行评价时，Parssia等通过关系代数操作进行了量化，韩京宇等通过数据和"最近似"间的信息量差异来定量分析；而Heinrich

和 Klier 则基于概率论，对数据质量的时效性指标建立了评价体系 PBCM。

在数据质量形式化评价模型的可计算描述方面，杨青云等定义了一个六元组计算数据质量的绝对量化值和相对量化值，陈苏等引入一个五元组进行数据质量的评估和流程的优化；此外，Pierce 提出使用控制矩阵的方法评价信息产品质量，通过定量分析，帮助识别潜在的数据质量提升领域，但未具体阐释矩阵的计算方法。

Web 内容质量评价方面，韩京宇和陈可佳在抽取文档事实的基础上，根据事实语义量化数据质量，用模拟退火算法实现了准实时的在线评估，保证在任何时候返回一个可接受的近似最优解；网络链接分析法也广泛应用于网络信息质量的定量评价，多位学者如 Ingwersen、Han 等利用其确定核心网站、筛选权威网页以及测定网络信息资源的网络影响因子等。

在元数据质量的定量评价方面，Ma 等利用 SQL 查询语句判断非空字段的个数，从而确定元数据的完整性；Ochoa 和 Dunal 利用元数据记录间的语义距离测量了元数据的准确性，利用信息熵计算了受控值字段的出现频率。

第三，定性定量相结合的评价。定性定量相结合的评价，其主要做法是在定性评价方法的基础上引入数学手段，定性问题通过人工设定的标准进行评分并做出量化处理，评分的过程都是针对事先建立的指标体系，具有部分数理统计的特征，如德尔菲法、模糊综合评估法、层次分析法等。Bovee 等在 4 个质量评价定性指标的基础上，对基于信任函数的框架模型进行了评分；宋立荣和李思经则是通过专家打分，确定农业科技信息有影响的关键质量维度；此外，李贺和张世颖对移动互联网用户生成内容采用扎根分析、问卷调查及主成分分析构建了质量评价指标体系；Watts 等在认知理论基础上，通过实验法实证了信息质量评估过程中的主客观因素。与前述评分过程不同的是，Stvillia 和 Gasserb 提出了元数据质量变化的价值估计方法，并构建基线质量评价模型，对特定的系统概念构建了更健全和完整的元数据要求；杨明顺和林志航引入模糊集理论，而有效反映用户意见的模糊性以及主观性和不确定性；赵星等采取主客观权重结合的方式，建立基于质量标准度量的全数据质量评估方法。

综上所述，从评价方法来看，定性评价主要是用于满足数据用户的需求，主要是采用数据质量调查的方式构建评价指标体系；定量评价是一种客观评价方法，但一般缺少上下文的情景知识，仅是依赖于应用程序的规则或约束判断；在数据质量的多维度评价上，定性定量相结合的评价是目前较为常见的评估方法，也是对前述两种单一评价方法的有益补充和完善。

从评价对象来看，不同类型信息的信息质量评价差别很大，即评价对象对评价指标体系的设计、评价方法的构建具有较大影响。目前研究对象多集中于政府信息、公共舆论媒体信息、数字图书馆、微博等面向大众的信息，而对行业信息，如电力行业的信息，尤其是电力需求侧信息质量的研究存在较大空白，因此，这方面的研究不仅具备一定的研究基础，也具有较大的研究意义和创新价值。

三、电力需求侧信息质量改进研究评述

对于电力需求侧信息质量来说，除了要确保数据质量外，还需要针对存在的信息质量问题提出响应的策略和建议来提高数据的质量。综合国内外数据质量的研究，存在的质量问题有数据确实、数据错误、数据重复等，造成数据质量问题的原因可以归纳为数据源差错、系统性差错、规则性差错，以及管控性差错 4 大类。针对以上问题，刘飑和刘杰都提到完善数据质量管控组织架构，需要在第一责任部门的总体协调下，通过相关负责部门的合作，优化数据质量管理流程，明确各个环节相关人员的责任，共同管理数据质量。唐琼和陈思任研究了美国联邦政府的信息质量保障体系，发现美国联邦政府已经形成了以《信息质量法》和联邦管理与预算局《确保和最大限度提升联邦政府机构公开信息质量的客观性、效用及完整性的实施指南》为核心，各机构信息质量保障指导办法为支撑，联邦管理与预算局相关政策为补充的、较为完备的政府公开信息质量政策体系。在此基础上，强调质量保障政策与联邦政府机构原有政策的衔接，对不同类型信息采用适用的质量保障程序与方式等。Nichita 和 Mirela 在讨论会计行业的风险管理时，认为完整的信息和清晰的理解可以在很大程度上减轻风险，并且以此提出了风险管理中信息质量的提升方法。为了评价和提高所管理数据库的数据质量，加拿大卫生信息研究所（CIHI）使用了一种新的方法：对于每一个数据库，每年都会用在一个层次框架内的、超过 80 个可测量指标进行评估；为了在来年提高数据库内部与数据库之间的数据质量，评估结果定义并排定先后次

序,并且另一个评估周期也随即开始。

为了评价和提高电力需求侧信息库的数据质量,可以借鉴加拿大卫生信息研究所(CIHI)提出的 CIHI 数据质量框架,应用于电力需求侧信息库信息质量评估中,对数据库信息质量进行评估,以达到数据库的信息质量的周期性提高。这种方法不仅可以提高数据质量,而且更重要的是能改善基于数据的信息。同时可以借鉴美国联邦政府信息质量保障体系,在评估我国电力需求侧信息质量时,针对信息质量问题,首先需要明确信息质量标准,制订信息处理各个环节的质量规范,同时需要建立错误信息的更正程度以及有效的质量监督机制等。

以上信息质量的改进方法,如信息质量保障体系、CIHI 数据质量框架、数据库质量的周期化提升等,大多属于信息管理工作的组织制度、策略或规范的范畴,缺乏一种具有针对性的信息质量改进方法或工具。对于电力需求侧信息质量的改进来说,仅仅依靠组织制度、规范或策略是不能长期保证信息质量提升的长期性的,需要依靠专业的信息质量改进方法工具才能取得长足满意的效果。

信息质量改进可以通过建模语言来实现,而信息质量改进的工作要求这种建模语言必须具备规范性(对语言结构理解不出现二义性),以及较强的交互性(与客户交互以发现真实需求)。在软件工程领域,统一建模语言(Unified Modeling Languange,UML)是同时满足以上两个特征的语言。国内有学者将 UML 用于信息管理领域中,例如,张玉亮基于 UML 方法构建了突发事件网络舆情信息流风险评价指标体系;舒玉坤和张国祥采用 UML 建模的云图书馆信息系统模型;张淼利用 UML 建立从馆藏利用、读者信息收集,到数据建模与分析,最后到效果决策的图书馆 CRM 系统。但国内还未见到将 UML 应用于信息质量研究领域,而国外学者很早就将 UML 应用于信息质量研究领域中。一个较为经典的案例是:2002 年,意大利启动了一项由意大利国家统计局(ISTAT)与国家公共管理信息技术局(AIPA)联合管理的数据质量改进项目,目标是为改进存储在公共管理数据库的地址信息质量进行初步分析,并取得了预期效果(Falorsi et al.,2003)。国外实践表明,将 UML 应用于信息质量的改进研究是可行的,本书这部分的研究内容可以丰富国内相关研究成果。

第三节　本书结构与内容设置

本书把如何建立电力需求侧信息的测量体系、建立电力需求侧信息库与评价，以及电力需求侧信息质量的改进方法模型作为解决电力需求侧信息质量的三个问题。因此，主要研究内容包括电力需求侧信息质量测量体系、构建电力需求侧信息库及其评估、电力需求侧信息质量改进方法。具体而言，对应的研究内容为：电力需求侧信息质量测量框架与尺度研究，电力需求侧信息库构建与数据库质量评估，基于 IP – UML 的电力需求侧信息质量改进方法，实证分析与应用，共 3 个研究内容及 1 个实证研究。其中实证部分贯穿于各个部分的内容之中。本书框架结构如图 1 – 1 所示。

根据框架结构安排，本书的内容设置如下：

1. 电力需求侧信息质量测量框架与尺度研究。

文献分析到，目前学术界还未有可供直接借鉴的电力需求侧信息测量理论和方法，因此不能直接构建信息质量的评价指标体系和方法，应把电力需求侧信息质量测量的框架尺度作为必要的基础工作，本部分研究内容是第二部分信息质量测量和评估的基础。

（1）电力需求侧信息的数据准确性测量框架。

测量数据准确性呈现的困难是物理测量无法比拟的，困难还表现在测量方法的多样性。因此，在进行测量工作前，有必要建立起数据准确性的测量框架，根据特性环境选择特定测量手段，提高电力需求侧信息质量管理的效率。

本部分基于第二代数据质量管理系统，构建电力需求侧信息质量的测量框架，从测量方法的四要素——测量位置、测量数据、测量手段、报告结果的尺度详细，解释说明测量框架的内涵。研究成果有助于根据特定环境选择合适的信息质量测量手段，避免测量的盲目性，可作为电力需求侧信息的数据质量的测量、评价及改进等后续工作提供基础。

（2）电力需求侧信息质量维度的定义与测量尺度研究。

众多学者认为数据质量是一个多维度概念，常见的维度包括准确性、完整性、一致性、可访问性与及时性。这种质量维度及其关联指标的定义是

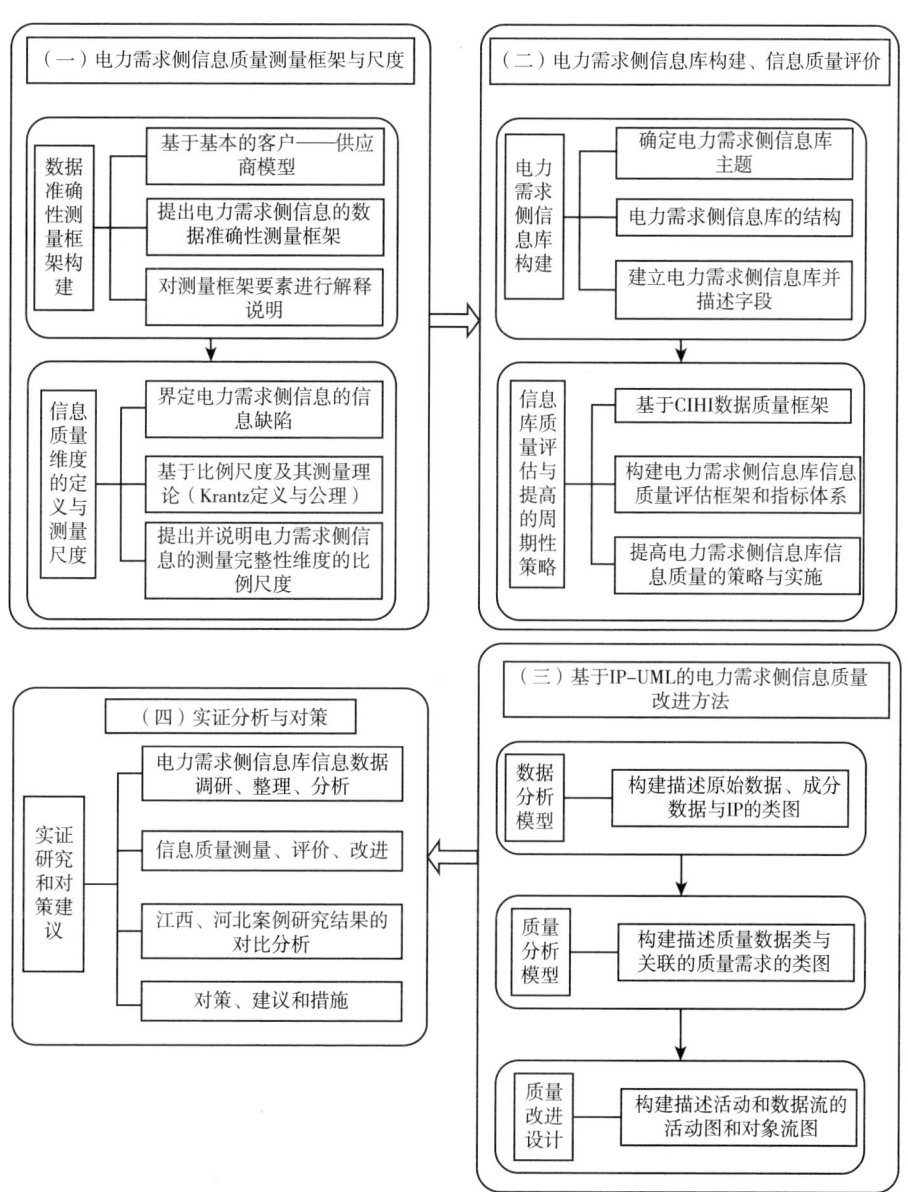

图 1-1 本书的研究框架

基于直观理解或行业经验,关于隐含在指标中的测度尺度问题的相关研究还存在不足,尤其行业性较强的电力需求侧信息领域,从而会导致实际工作中对测量结果的不当解释和应用。建立适用于电力需求侧信息数据质量维度的尺度很重要，必须确定并定义电力需求侧信息数据质量维度，然后确定其合适的尺度类型，这样信息质量的测量结果才能客观反映信息质量的水平，有助于后续结果反馈、改进等工作。

本部分针对电力需求侧数据质量维度测度尺度研究的不足，提出一组基于本体的电力需求侧数据质量维度：完整性、正确性、系统流通时间、存储时间和不变时间。根据 Krantz 的测量理论，证明这些维度都能够用比例尺度进行测量，随后提出具体的定义和测量方法，并说明如何根据这些维度定义和测量其他与时间相关的数据质量维度。这种精确性定义的电力需求侧信息质量维度和测量方法应用于电力需求侧信息的数据质量测量，可有助于衡量并提升电力需求侧信息的数据质量。

2. 电力需求侧信息库构建、数据库信息质量评估与周期性提高的策略研究。

（1）电力需求侧信息库的定义和构建。

电力需求侧信息库是用于收集、存储、更新电力需求侧信息并服务于电网规划等其他工作的重要数据库。为了科学构建电力需求侧信息库，本部分内容包括界定电力需求侧信息库的定义和作用、信息库的结构和描述字段、字段解释说明以及最后的构建。

（2）电力需求侧信息库的质量评估与提高的周期性策略。

对电力需求侧信息库的信息质量评估和提高是信息库发挥其既定作用的有力保障。为了评价和提高电力需求侧信息库的数据质量，本部分基于扎根理论，根据学术论文、科普杂志资料与一手的访谈数据，应用于电力需求侧信息库信息质量评价中，建立并精选电力需求侧信息质量的评价指标，在一个周期内，对数据库信息质量进行评估。为提高数据库内部和子数据库之间的信息质量，评估结果定义并排定先后顺序，并且另一个评估周期也随即开始，最后达到数据库的信息质量的周期性提高。这种方法不仅可以提高数据质量，而且更重要的是能改善基于数据的信息。

3. 电力需求侧信息质量改进方法研究。

文献综述提到，国外案例表明 UML 可以作为信息质量改进的一种有效方法。为此本部分提出一种基于 IP－UML（信息产品图—统一建模语言）的电力需求侧信息质量改进方法模型。此模型分为 3 个不同阶段的改进流程，分别是数据分析、质量分析与质量改进设计。前两者阶段是受 IP 图框架的启发产生,并且仅由对应阶段产生的特定 UML 实体来解释,第三阶段又分为质量验证阶段和质量改进阶段,其中质量改进阶段是运用 IP 图为质量改进流程建模。本部分具体研究内容如下:

(1) 数据分析阶段(模型)。

数据分析阶段是描述单个组织内部(如电网公司)或多个组织(如政府、电网企业、电力用户、第三方公司)交换、存储、更新与修改的电力需求侧信息的分析过程。此部分主要研究内容是:建立一组类图,描述以识别的电力需求侧信息及组成它们的原始数据和成分数据。

(2) 质量分析阶段(模型)。

质量分析阶段用于说明在数据分析阶段已识别的电力需求侧信息应该具备的质量需求,其中质量需求用引入与质量数据关联的构造型类来表示。此部分主要研究内容是:产生一组类图构成的质量分析模型,描述具有特定质量需求的质量数据类,以建立不同电力需求侧信息和它对应的质量需求之间的联系。

(3) 质量改进设计阶段(模型)。

质量改进阶段可以划分为质量验证和质量改进两个阶段。

质量验证阶段是验证质量需求的满意度,或者描述信息质量的问题有哪些。此部分研究内容是:产生一组活动图,图中描述对象流以建立数据交换与操作模型。

质量改进阶段是定义相应的质量改进活动,基于质量需求的满意度,以及提高信息质量的改进流程,去构建结构图块绘制活动图与对象流,用于描述相应的质量改进模式。

4. 实证分析与对策。

为验证本书研究成果的科学性和适用性,笔者及研究团队同时开展江西省和河北省的实证研究,调研获取数据,验证本书的主要研究理论与方法,得出研究结果结论,进行结果的对比分析,撰写对策建议,以期为服务地区的电力需求侧信息质量测量和改进的实践提供参考。实证分析部分将穿插在各章节中,本书将在第六章后半部分提出对策建议措施。

为落实研究内容,笔者设计了本书的研究技术路线如图 1-2 所示,具体执行结果将在后续各章节中呈现。

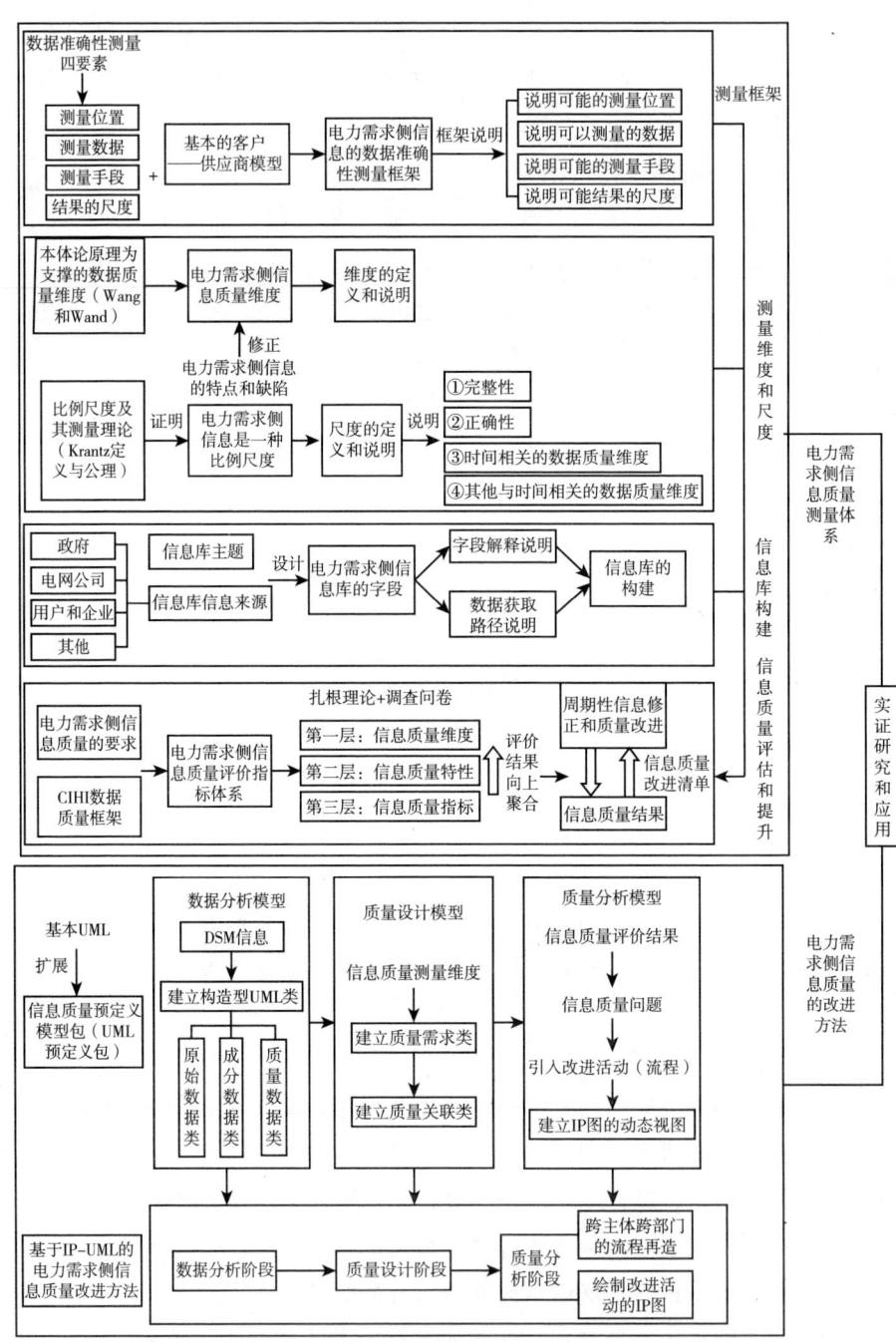

图1-2 本书的技术路线

第四节 本书的章节介绍

全书共分为七章，主要研究内容分别为：

第一章绪论，主要介绍了本书的选题背景和意义，并且对国内外的相关研究做了综述，提出本书的主要研究内容、结构框架和创新点。

第二章是电力需求侧信息质量理论概述，总结了电力需求侧及其在新时期的新发展，重点界定了电力需求侧信息的概念与内涵，着重归纳了信息质量的相关理论发展与方法概述；本部分对相关概念的界定，对相关理论的整理与归纳，可为后续研究工作奠定基础。

第三章主要工作是构建了电力需求侧信息质量测量的框架与尺度。首先，基于第二代数据质量系统，构建了电力需求侧信息质量测量的框架，并对框架各要素进行了解释说明；其次，基于本体的数据质量维度以及比例尺度与测量理论，定义了电力需求侧信息质量的维度和尺度。本章的工作可以为后续章节关于电力需求侧信息质量的评价与改进提供框架和尺度的基础。

第四章主要工作是建立了电力需求侧信息库。根据电力需求侧信息需要记录的信息主题，建立电力需求侧信息库的描述字段并进行解释和数据来源的说明，在此基础上，构建电力需求侧信息库并阐明信息库的管理制度和机制，最后提出了信息库提高的周期性策略。本章的内容为第五章评价部分搭建了评价的对象，也是信息质量评价工作前的一项必要工作。

第五章主要工作是电力需求侧信息质量的评价。首先，综合分析电力需求侧信息质量指标体系的建立原则和影响因素，基于扎根理论构建了电力需求侧信息质量评价指标体系。该指标体系共包括三层评价指标，其中，一级评价指标4个，二级评价指标10个，三级评价指标34个。并且采用层次分析法对电力需求侧信息质量评价指标体系中各指标进行有效量化，借助Yaahp软件计算收集到的数据，确定各个评价指标的权重。其次，借助多级可拓理论，对电力需求侧信息质量进行评价，并构建可拓评价模型。通过可拓理论中关联度计算来确定信息质量等级，并且分析出影响电力需求侧信息质量的重要因素，从而可以有针对性地进行优化。通过对H市智慧示范园区实证分析，验证了本书构建的电力需求侧信息质量评价体系及评价模型的可行性与科学性，使结论更加具有指导性。

第六章主要工作是电力需求侧信息质量的改进。在总结 IP 图、UML 图的基础上，基于 IP – UML 方法，提出了一种基于 IP – UML 的电力需求侧信息质量改进方法，结合一种典型的电力需求侧负荷报装的实例，提出具体的改进方法与步骤，阐述效果并进行总结。最后，提出了几点关于信息质量管理的组织、制度与策略。

第七章为结论和展望，对全书进行了总结，并提出研究展望。

第五节 本书的特色与创新之处

一、本书特色

(1) 研究视角独特。很多研究工作是围绕电力需求侧项目的经济和技术等问题开展，本书紧紧抓住电力需求侧信息的质量问题，直面突出电力需求侧信息的重要价值，即培育与社会经济发展相协调的电网建设项目。基于此，有目的地提出并构建电力需求侧信息质量管理的系统性的理论方法，包括电力需求侧信息质量测量框架和尺度研究、电力需求侧信息库的构建及其信息质量评估、电力需求侧信息质量改进的研究。

(2) 研究内容系统性。本书所有研究内容的设计——体现了研究的系统性。从电力需求侧信息质量测量指标和方法来看，先建立信息质量测量的框架和尺度，再确定指标体系和测量方法；从信息质量评估的内容来看，先建立电力需求侧信息搜集和分析的数据库平台——信息库，再对信息库进行信息质量的评价和改进。因此，这部分内容从无到有，一环扣一环，并非简单针对信息质量某一部分进行研究，而是层层递进，直到最终解决电力需求侧信息质量的问题，说明这部分研究内容充分体现了研究的系统性。

(3) 研究方法集成性。本书集成了案例访谈、实证分析、建模分析、概念模型与对策研究等多种方法，在 GAMS、MATLAB、SPSS、LINGO 等多个软件的协助下，既有定性与定量分析，也有管理科学与工程的数学模型与情报学的概念模型的结合，还有计算机软件和专家智慧的融合，从而形成一套完善的理论、方法与模型体系，为研究成果的科学性提供了保障，集成性的研究方法有助于本书取得预期的研究成果。

二、本书创新之处

（1）提出并构建电力需求侧资源信息搜集、分析、储存的平台——电力需求侧信息库。这样专业的电力需求侧信息库可以打破目前电力需求侧信息分散在不同信息平台中的局面，不仅能为电力需求侧信息存储查询等工作提供便利，还可以动态跟踪信息的来龙去脉，进行相应的调整，更为本书中的电力需求侧信息质量的研究提供了集中统一的信息平台和数据支撑。

（2）提出电力需求侧信息质量的问题，并建立研究电力需求侧信息质量的系统性的理论和方法体系，包括电力需求侧信息质量测量框架和尺度研究、电力需求侧信息库的构建、电力需求侧信息库质量评估与提升研究，可丰富现有电力需求侧信息管理的理论、工具和方法。

第二章

电力需求侧信息质量理论概述

本章将主要界定电力需求侧信息质量的概念、归纳相关理论,以及总结国内外发展情况。首先,对电力需求侧管理基础理论和在新时期的发展进行归纳;其次,重点界定了电力需求侧信息的主要内容,并阐述了电力需求侧信息与能源信息平台以及大数据之间的联系;再次,归纳了信息质量的基础理论,包括信息质量的概念、组成与定义等内容;最后,对信息质量的延伸内容,笔者提出了几点看法。

第一节 电力需求侧管理理论与发展

一、概念与内涵

(一) 电力需求侧的概念与发展

电力需求侧管理 (Demand Side Management, DSM) 是指在政府法规和政策支持下,采取有效的激励和引导措施以及适宜的运作方式,实现科学用电、节约用电、有序用电所开展的相关管理活动。电力需求侧管理是一项涉及政府、电力企业、社会用户等多个方面的系统工程 (见图2-1)。

用户用电方式和用电量的改变是 DSM 中一个主要目标,具体来说,一方面要通过智能电网等技术来提高用电终端的用电效率,从而避免无效耗损;另一方面要通过节能设备使用推广等方式来培养用户的节电意识,主动

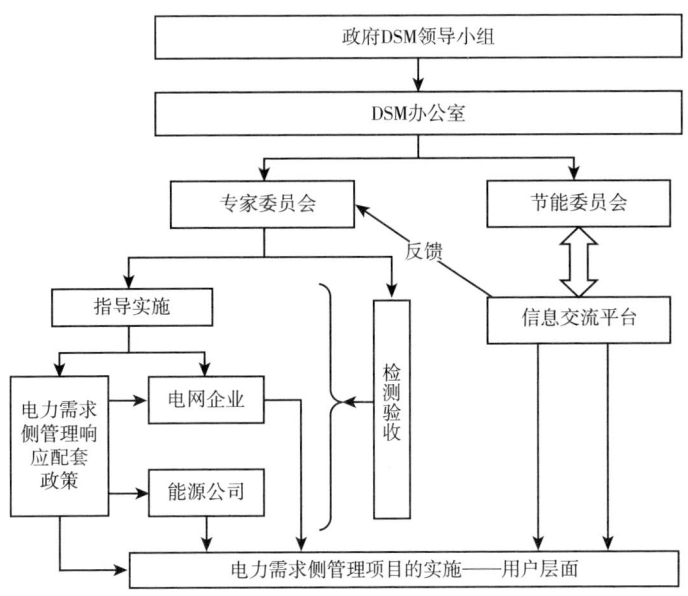

图 2-1 电力需求侧管理工程

形成良好的用电习惯,使电网能够更加经济安全地运行。所以 DSM 不仅能够在很大程度上减少电源损耗,优化电力资源配置,还能在一定程度上对改善和保护环境贡献力量。

DSM 不等于"计划用电",它有三个特点:一是强调用电和经济的平衡;二是强调企业和用户主动自觉参与 DSM;三是强调用户利益至上。由于各国国情不同,因此各国 DSM 的运作模式各不相同。国际上一般由政府主导,领导各相关部门制订相关法律法规,在此基础上,授权电力公司作为主体开展电力需求侧管理(见图 2-2)。美国电力需求侧运作模式主要以政府、中介机构为主导;德国在修改和完善《能源法》的基础上,引入了市场竞争的机制,同时配以激励机制,鼓励民众使用节能节电设备;泰国则是在全国范围内推行节能政策,鼓励社会开发制造和使用节能及节电产品。

21 世纪初,我国处于一个电力紧缺的时期,同时,"十一五"规划提出的节能减排的目标要求,电力方面迫切需要发展电力需求侧管理工作。近年来,许多地方政府积极响应,制定了有关电网规划的法规、政策。不仅如此,各地的负荷预测,分时定价、蓄冷蓄热电价等经济政策,推广宣传节能

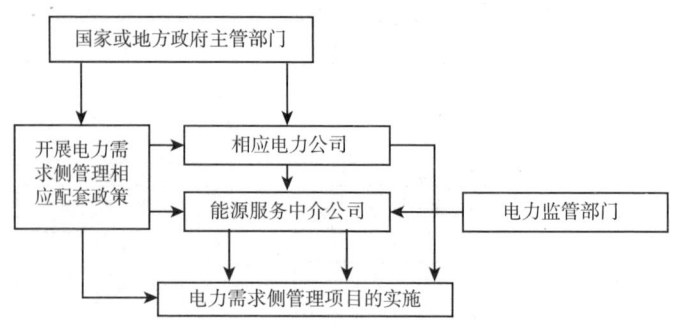

图 2－2　电力需求侧管理运作模式

节电设备的使用等，在很大程度上推动了发展的进程。但我国电力需求侧管理存在制约发展的因素，如我国在电力需求侧管理政策方面的不足，尤其是激励政策的欠缺。虽然电力项目一般初期投资较多，但后期存在主动性不足的问题，系统设备往往得不到百分之百的更新和维护，导致资源浪费。不仅如此，随着节能意识的不断宣传和推广，社会节能意识整体上有了提升，但作为用电大户，工厂企业在利益面前忽略了自身应该承担的社会责任，为降低成本而缺乏采用节能技术和产品的积极性，在很大程度上影响电力需求侧管理的实施。最后，作为电力需求侧管理的主体，电网企业没有充分发挥其作用。其中一部分是因为电网企业的技术优势与其专业人才缺乏的不配套，另一部分原因是有关电力规划政策不完善、不适配会导致电网企业开展电力需求侧管理的动力不足，影响积极性。除此之外，运作模式、监管机制等问题都在制约着电力需求侧管理的发展。

（二）近期重要的相关文件

1.《电力需求侧管理办法（修订版）》。

2017年9月26日，国家发改委、工业和信息化部、财政部、住房城乡建设部、国务院国资委、国家能源局6部门联合印发《关于深入推进供给侧结构性改革、做好新形势下电力需求侧管理工作的通知》（以下简称《通知》）。对2010年发布的《电力需求侧管理办法》进行了修订，发布《电力需求侧管理办法（修订版）》。

《通知》提出，电力的需求侧即是用户的供给侧，做好电力需求侧管理工作，有利于提升企业效率、降低实体经济企业成本。供给侧结构性改革的深入推进，客观上要求切实利用好需求侧管理的重要工具，与供给侧相互配合、协调推进，紧扣供给侧结构性改革的新任务和新问题，实现新突破。

国家发改委称，电力需求侧管理是推进"放管服"改革的有效抓手。深化简政放权、放管结合、优化服务改革，需要大力提升与群众生活密切相关的公用事业服务质量和效率。通过电力需求侧管理不断强化居民等重点用户的供电服务，促进电网企业保障电力供应、提高电能可靠性、优化电能服务，是落实"放管服"改革要求的重要途径。

未来，要进一步做好新形势下的电力需求侧管理工作，国家发改委称，细化落实优先购电制度，结合有序用电工作基础，进一步研究细化改革推进中优先购电用户的类别和保障方式，实现市场推进和保障民生两促进、两不误；探索市场机制建设，总结需求响应试点经验，及时向全国推广，进一步完善需求响应工作中的市场化机制，为电力市场建设积累经验。

2. 《工业领域电力需求侧管理工作指南细则》。

2020年7月31日，中国电力企业联合会科技开发服务中心（工业领域电力需求侧管理促进中心）在北京组织召开《工业领域电力需求侧管理工作指南细则》（以下简称《细则》）评审会。国家发改委能源研究所、中国电科院、南网电科院等单位7家电力需求侧管理权威专家参加评审。

评审专家组听取了《细则》编写背景、编写目的、相关内容介绍，对《细则》报告进行了认真审议，并提出了修改意见。经专家表决，同意通过评审。与会专家一致认为：该《细则》框架完整、结构合理、内容清晰，是对《工业领域电力需求侧管理工作指南》的诠释和对具体应用的细化；该《细则》针对工业领域电力需求侧管理制度体系建设、信息系统建设、安全用电与可靠用电、节约用电、电力需求响应、绿色用电、用电环保、智慧用电等方面的内容，给出了应用说明，有助于用能单位应用指南有效开展工作；该《细则》内容全面，提供了具体应用案例，具有引导性和可操作性，对工业等领域的电力需求侧管理政策决策、科研、服务及相关从业人员具有重要的实用和参考价值。

《细则》作为《工业领域电力需求侧管理工作指南》实施的重要资料，对于引导工业企业（园区）开展需求侧管理、全面提升工业领域用能效率和降低能源成本具有积极作用。

二、电力需求侧响应

案例：2020年8月21日13时，正值上海市午间高温时分，位于上海市浦东新区的鲁能国际中心商务楼却在主动降低用电负荷。在智慧能源管理系统的自动调节下，商务楼关闭了停车场部分照明灯，调整了中央空调的一些参数，这种状态持续了一个小时。商务楼内的工作人员并没有什么感觉，但这项智能化的操作降低了290千瓦的用电负荷。

电力需求响应，是指通过分时电价等市场价格信号或资金补贴等激励机制，引导鼓励电力用户改变原有电力消费模式的用能行为，以促进电力供需平衡，保障电网稳定运行。电力需求响应让电源、电网、负荷侧、储能的关系更加和谐，也让参与方受益颇多。

美国需求响应组织较为完善，项目类型也较丰富，其需求响应市场机制、运行规则由各州根据自身实际管理和实施。例如，加州主要运营负荷参与计划、需求削减计划等项目；纽约州主要利用可中断负荷参与日前现货市场或运行备用市场。与美国类似，欧洲各国依据各自的方案和规则开展需求响应，欧盟则更加注重需求响应关键平台的开发建设、智能用电标准的制定和修订。

2013年，我国启动电力需求响应城市综合试点建设，北京、江苏苏州、广东佛山等综合试点城市多次实施需求响应项目，有效缓解了尖峰负荷时段的电力紧张状况。2017年9月，国家发展改革委等六部门印发的《电力需求侧管理办法（修订版）》发布，详细说明了新时期电力需求侧管理的内涵、实施主体、实施手段、保障措施等，并提出了电力需求侧管理的新要求，我国电力需求侧管理进入了新的阶段。自《电力需求侧管理办法（修订版）》发布3年来，我国需求响应的探索实践有了新的进展和突破，如多地实施了"填谷"需求响应、需求侧竞价模式首次出现、参与的负荷和主体更多元、负荷响应更精准等。

（一）"削峰"与"填谷"并行，提升电网灵活性成为新重点

除负荷高峰期的"削峰"需求响应外，2018~2019年，天津、江苏、

上海、浙江、山东等地均实施了"填谷"需求响应。几个省市的实施背景和侧重点略有差异，但实质均为缓解各种因素导致的电网运行调节压力。例如，天津是为了缓解春节期间用电、用热矛盾；江苏、上海、浙江、山东等则主要为解决空调负荷快速增长等造成的电网峰谷差增大，以及风电、光伏发电等新能源发电大规模并网带来的电网平衡问题。

多地"填谷"需求响应的实施表明缓解电力供需缺口已不再是电力需求响应的首要任务。需求响应所发挥的作用正逐步向提升能源电力精细化管理水平和电网运行灵活性、促进新能源发电消纳等转变。

（二）市场化程度逐步提升，补贴资金来源更广泛

目前，我国激励性需求响应通常以约定补偿为主。2018年，江苏在国庆期间实施的需求响应中首次采用竞价模式。2019年，上海开展了需求响应年度竞价工作，且交易品种和调用方式都更为丰富。2020年，山东建立了适应电力现货市场的"双导向、双市场"需求响应机制，电力需求响应实施模式由"需求侧报量+固定补偿价"模式向市场化的"需求侧竞价+最高限价"模式转变。

与此对应，需求响应的补偿资金来源也更为广泛，跨省跨区可再生能源现货交易购电差价盈余成为需求响应资金新的重要来源。例如，山东提出2020年度经济型削峰、"填谷"需求响应的补偿费用暂从电网企业参与跨省跨区可再生能源现货市场交易形成的资金空间支出；浙江则明确2020年度电力需求响应补贴资金来源于2019年跨区域省间富余可再生能源电力现货交易购电差价的盈余部分。

（三）参与负荷和响应手段更多元，精准、数字化成为亮点

由于"填谷"需求响应的出现和数字化技术的发展，参与响应的负荷类型和手段均呈现出新的特点。就负荷类型而言，除工业用户、居民空调负荷外，自备电厂、新能源汽车充电站/桩、各种类型的储能设备等也成为响应负荷的一部分，从而可以实现负荷双向调控。

具体到响应手段，依赖不断完善的技术手段，负荷响应的自动化水平不断提升，需求响应也在向数字化方向转型，负荷调控更为精准、响应速度更

快。例如，上海依托需求响应虚拟电厂平台深层连接、精准接入客户用能设备，并实现大量闲散、碎片化负荷的聚合和协调优化；江苏储能需求响应资源管理系统实现了更精准、快速的负荷自动响应；浙江在 2020 年需求响应工作通知中明确，加快相关平台建设，实施响应全流程管理和线上办理，深化需求响应大数据分析。这些更快速、更精准的负荷调控手段为需求响应资源参与更短时间尺度的系统互动打下了良好基础。

近年来，我国需求响应取得了较大进展。未来建议从运行机制、项目设置、支撑能力等方面入手，促进我国需求响应深入实施。

（一）加快推进电力市场改革，完善需求响应运行机制

当前需求响应参与市场的有效渠道较为有限，需求响应的价值难以得到合理评估和体现。未来需配合电力市场改革进程，探索建立需求响应常态化机制，遵循公平合理原则，倡导"谁投资、谁受益"，建立长效的需求响应激励机制，进一步完善需求侧竞价机制，制定需求响应交易规范，优化市场监管办法。

（二）分类引导、精准施策，挖掘不同行业的需求响应潜力

用户参与需求响应主要受行业特点、激励水平、响应成本等因素影响。针对工业用户，可推行或设计提前通知时间长、响应持续时间较短的需求响应项目，并适当提升激励水平、减少单个用户的响应次数；针对商业和居民用户，可重点挖掘空调、电采暖负荷的响应潜力，其中针对商业用户可合理设定响应激励水平及响应次数，针对居民用户则可引入负荷集成商及智能管理系统实现海量微负荷的聚合。

（三）加强需求响应支撑能力建设，提升响应的智能化和信息化水平

需求响应的顺利实施依赖于配套基础设备的建设与完善。完备的支撑技术可以有效提升用户的峰荷削减能力。一方面需要继续推进电力需求侧管理平台、负荷监测系统等建设，以各级需求侧管理平台为载体，打造独立完整的需求响应商业生态系统，形成稳定、可靠的响应负荷资源；另一方面，应

加强自动需求响应技术的推广和应用，切实提高需求响应的自动化水平，实现用户内部需求响应资源的精细化管理。

近年来，我国需求响应工作在实施范围、实施目的、实施手段、激励机制等方面均进行了有益尝试。随着电力市场改革的推进和新技术的发展，需求响应的市场化、智能化、数字化程度将进一步提升，也将在"推进供给侧结构性改革、推动能源消费结构优化、促进可再生能源消纳、提高智能用电水平"等方面发挥更大的作用。

新发展机遇下，国家电网积极开展适应于能源互联网发展形态的电力需求响应工作，印发了《国家电网有限公司电力需求响应工作两年行动计划（2020~2021年）》，充分发挥电力需求响应在促进"发、输、配、用"全过程高效运行和精准投资中的重要作用，助力系统安全运行、经济运行，实现系统效益最大化。最近，国家能源局发布《2019年重点专项监管报告》，监管意见中指出，要统筹推进"网源荷储"协调发展，同步规划、同步建设、同步运行清洁能源配套电网工程。为何国家能源局重视"网源荷储"，在需求响应"网源荷储"扮演的角色如何，可以用图2-3表示。

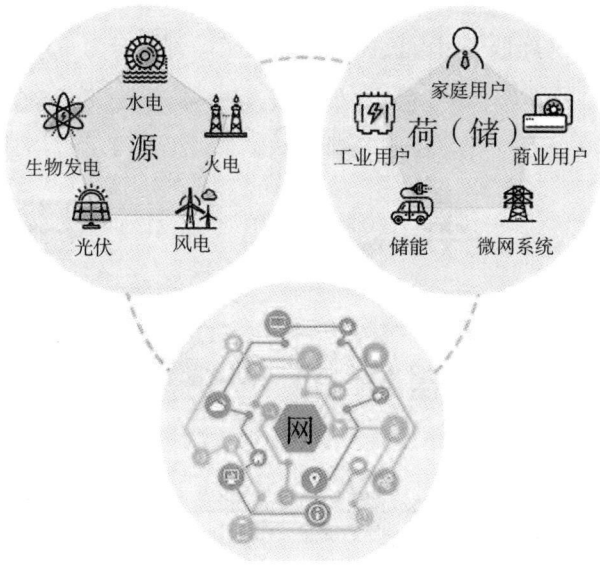

图2-3 "网源荷储"实现的需求响应

三、虚拟电厂新途径——楼宇

虚拟电厂是一种通过先进信息通信技术和软件系统，实现 DG、储能系统、可控负荷、电动汽车等 DER 的聚合和协调优化，以作为一个特殊电厂参与电力市场和电网运行的电源协调管理系统。虚拟电厂概念的核心可以总结为"通信"和"聚合"。虚拟电厂的关键技术主要包括协调控制技术、智能计量技术以及信息通信技术。虚拟电厂最具吸引力的功能在于能够聚合 DER 参与电力市场和辅助服务市场运行，为配电网和输电网提供管理和辅助服务。"虚拟电厂"的解决思路在我国有着非常大的市场潜力，对于面临"电力紧张和能效偏低矛盾"的中国来说，无疑是一种好的选择。

虚拟电厂并不是真正的电厂，而是进行了智慧用能控制改造的负荷侧用户，虚拟电厂是实现电力需求侧管理的重要内容。虚拟电厂可以是商务楼宇，也可以是工厂生产线。大楼和工厂装载的智能终端可以在线监测用电需求，柔性调节用电负荷，实现对分布式资源的有效聚合和协调调控，达成与常规发电厂相近的效果。以商务楼宇为例，当电网发出降负荷指令时，智能终端可以柔性调节空调、电梯、储能、三联供机组的运行方式，既不影响用户的用能体验，又降低了用电负荷，一幢大楼即刻变身为一座为电网输送电能的"发电厂"（见图 2-4）。

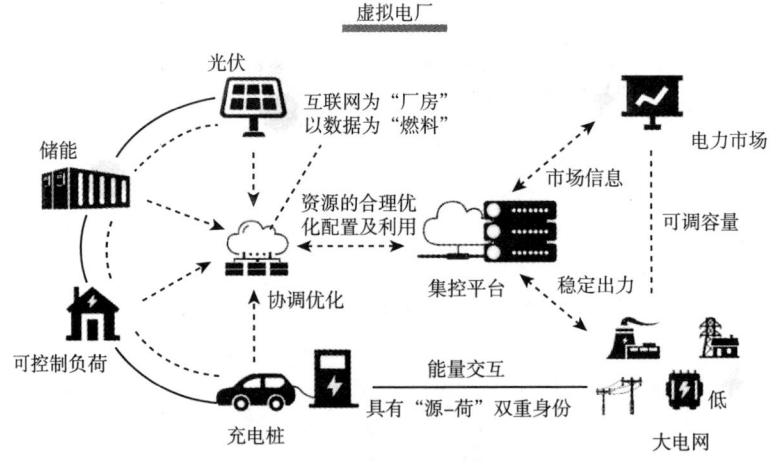

图 2-4 "虚拟电厂"积极参与电力需求侧管理与需求响应

2020年7月30日,国网天津市电力公司技术人员在天津市和平区汇金中心,检查智慧用能控制系统(CPS)设备运行情况,宣传需求侧管理奖励政策,听取用户对夏季用能服务的建议,为确保夏季高负荷期间设备正常运转提供保障。

2019年10月中旬,国网天津电力在和平区汇金中心部署首个商业楼宇CPS,开启了市区以CPS为核心技术的电力需求响应实践运营新模式,也为天津市提高终端用能效率提供示范和借鉴。运行8个月以来,该CPS系统围绕汇金中心写字楼商业运营特点,提供了专属用能方案,引导高效用能和节能,初步估算帮助客户降低用能运营成本约12万元,并引导负荷响应了电力需求侧管理,为高负荷期间电网稳定运行作出了贡献。

国网天津电力注重挖掘客户侧可调节负荷潜力,依托全国首个城市级负荷资源管控中心——天津市电力需求响应中心,实现了城域负荷资源、清洁能源、车桩联网等可调资源泛在互联,推动能源数据信息的互联互通,全力支撑天津市电力需求侧管理。2018年天津市首次在夏季实施了需求响应以来,为了提高商业用户的参与需求响应的积极性,提升需求响应的市场化程度,国网天津电力部署商业能源控制系统,建设城市级商业"楼宇"虚拟电厂,通过运用经济杠杆,引导用户优化用电方式,保障天津电网供需平衡。

目前,国网天津电力已经在市区6座商业楼宇部署建设"楼宇"虚拟电厂,以CPS为主要设备的"楼宇"虚拟电厂运转顺畅,实现需求响应数据流、能源流、业务流的相互协调和友好互动,全面提升了商业楼宇综合能源利用效率和电力需求响应能力,实现了商业客户能源经济效益与电力需求侧管理的"双赢"。虚拟电厂投运以来,在帮助用户节约用能成本的同时,用电高峰期间为电网削减用电负荷,响应电网需求侧管理。2020年将在市区再新装CPS系统50个,"楼宇"虚拟电厂调峰能力将进一步增强。

四、"十四五"是电力需求侧资源开发的重要窗口期

伴随着"互联网+"智慧能源的培育、需求响应技术的革新、多能互补试点的推进、综合能源服务市场的发展,需求侧资源不断拓展,需求侧弹

性负荷、分布式能源、电动汽车、储能、虚拟电厂等资源得以创新应用。截至 2019 年底，我国已有 10 个省区市开展需求响应试点，其中 8 个省市发布了试点支持政策。

各试点省区市结合电网运行特征和负荷特点，创新开展需求响应实施工作：江苏 2019 年单次需求响应负荷量（402 万千瓦）再创历史纪录，其首个客户侧储能自动需求响应项目正式投运。上海建成总可控容量 10 万千瓦的国内首个负荷型虚拟电厂运营平台，部分楼宇可实现 1 分钟以内的自动需求响应功能。2020 年 7 月，山东创新推出基于电力现货市场的新型需求响应机制试点，浙江明确将引入市场化竞价机制，探索需求响应资源参与电力市场辅助服务交易。经试点地区的积极探索，需求响应负荷类型和手段均呈现出新特点，需求侧资源成为一种良好的双向调节资源参与电力市场交易。但目前，需求侧资源的深度开发还受到诸多掣肘：需求响应市场机制亟待探索、市场主体参与渠道不畅、信息交互门槛高、缺乏较为成熟的商业模式、需求响应效益评估等技术仍然欠缺。

"'十四五'将是我国需求侧资源得到充分开发和利用的首个五年。"国家电投中电国际政策研究室主任王冬容日前在煤电系列沙龙"开发需求侧资源促进电力低碳转型"的议题中表示。他认为，综合考虑供给侧、电力系统建设等因素，需求侧资源开发利用的各方面条件正处于最佳时期。

电力实时平衡的特性，决定了需求侧在电力系统中的重要地位。与会专家表示，随着新能源接入电网的比例越来越高、负荷中心电网峰谷差逐渐加大，需求侧资源尤其是灵活需求侧资源的开发利用，将为保障电力系统运行平衡、促进新能源消纳提供强大助力。

五、电力需求侧发展的新方向

为贯彻落实党的十九大以来党中央、国务院关于高质量发展的重大决策部署，电力需求侧管理应坚持目标导向、问题导向、需求导向，与电力供给侧结构性改革同频共振，着力推进全社会用电宏观和微观管理、综合用电服务升级发展，推动电力经济发展质量变革、效率变革、动力变革，助力建成高质量的小康社会，谱写电力需求侧管理自身高质量发展新篇章。

党的十九大以来，党中央、国务院已就经济高质量发展、建设现代化经济体系作出了多项重大决策部署，明确了高质量发展目标和战略任务。推动高质量发展是当前和今后一个时期确定发展思路、制订经济政策、实施宏观调控的根本要求，是经济发展各层面结构调整优化的宏大系统工程。在电力经济领域，当前结构性、体制性等老问题尚未得到有效解决，电力经济系统物理、技术、组织、活动形态快速演变带来的新问题凸显，新老问题交织叠加错综复杂，电力经济高质量发展可谓任重道远。2017 年，国家发展改革委、国家能源局等六部委联合印发了《关于深入推进供给侧结构性改革做好新形势下电力需求侧管理工作的通知》，对 2011 年发布实施的《电力需求侧管理办法》进行了修订。修订后的电力需求侧管理办法与时俱进，丰富拓展了工作内涵。该新办法实施以来，在相关政府部门、企业、全社会的共同努力下，全国电力需求侧管理工作呈现了新气象、迈上了新台阶、取得了新成效。然而，高质量发展新时代对电力需求侧管理在维系电力经济平稳运行、助力电力供给侧结构性改革、促进全社会节电减排、提高电力经济发展质量等诸多方面提出了更高要求。为顺应高质量发展新时代的更高要求，相关政府部门应坚持目标导向、问题导向、需求导向，着力推进全社会用电宏观和微观管理、综合用电服务升级发展，为电力经济高质量发展做出更多、更大的实质性贡献。

（一）加快推进用电宏观管理升级

电力需求侧管理是政府主导的用电战略管理系统工程。充分、有效发挥电力需求侧管理助力电力经济高质量发展的功用，必然要求加快推进全社会用电宏观管理升级发展，更好地发挥各级政府电力需求侧管理职能部门的作用。一是全社会用电战略管理模式升级。应摒弃全能型、管制性思维，构建多方参与、权责明确、部门协力、考评兼用、服务导向的管理新模式。二是用电宏观管理技术手段升级。当前我国经济结构、电力消费结构均在发生快速而深刻的变化，电力与经济的相关性较以往更为难以把握，迫切需要升级全国电力需求侧管理平台，完善平台功能，采用大数据技术建立实用有效的分析模型，强化用电数据的精确采集、分析，为电力经济运行分析及预测、预判、预警提供坚实、及时的技术支撑。三是用电宏观管理实施机制升级。

随着新能源电力建设的快速推进，我国电源结构正在发生重大变化，电量型电源占比不断攀升，电力系统供给侧调峰资源稀缺性问题日益凸显。需求侧资源的规模化开发利用应纳入电力市场建设的优先议事日程，加快探索建立反映需求侧资源之于电力系统价值及商品属性的价格机制。针对用电数据开放共享程度低、数据流动不充分等突出问题，应大力推进用电数据开放共享，打通政府和企业间、企业之间数据流动通道，探索建立用电数据的高效配置机制，加快释放海量用电数据资源的价值，为电力需求侧管理的全面数字化升级奠定数据基础条件。四是电力需求侧管理标准建设升级。应将电力需求侧管理标准建设纳入国家电力标准体系建设的优先序列，安排充足的财政资金资助电力需求侧管理基础和通用标准、实用标准的研制，本着宁缺毋滥的原则严格把控标准研制质量，用高质量的标准引领、规范电力需求侧管理的高质量发展。

（二）深入推进用电微观管理升级

包括用电企业在内的各类终端电力用户是电力需求侧管理的重要实施主体。要使电力需求侧管理助力电力经济高质量发展的功用得到充分、有效发挥，终端电力用户的作为十分关键。在加快推进全社会用电宏观管理升级的同时，应深入推进终端电力用户的用电微观管理升级。在我国经济和社会活动加速数字化的发展背景下，数字化应是终端电力用户用电微观管理升级的重大方向。用电微观管理数字化之于用电企业的基本价值是降低用电交易成本、提高用电效率；数字技术的飞速发展正为用电降本增效价值的实现提供越来越坚实的技术支撑。在用电微观管理数字化升级中，冶金、石化、水泥等流程型、电耗密集型行业的企业是先行实践者，政府电力需求侧管理职能部门、相关行业组织等应及时组织总结这些先行行业和企业用电管理数字化的成功经验，形成可复制方案并加以推广，引领、带动相应行业用电管理数字化全面升级。其他行业的用电企业应学习、借鉴先行行业和企业的成功和有益经验，加快用电管理数字化升级的工作部署和技术支持系统建设与应用工作，构建实用的电耗预测模型、用电效率分析模型、用电优化模型，加强从事用电管理数字化工作人员的培训和能力建设，让用电管理数字化的降本增效价值得到有效发挥。

（三）着力推进综合用电服务升级

电力需求侧管理助力电力经济高质量发展，不仅要发挥政府作用，更要发挥市场的决定性作用。2017年新修订发布的电力需求侧管理办法，将电力需求侧管理的工作内涵丰富拓展为节约用电、环保用电、绿色用电、智能用电、安全有序用电；新一轮电力改革的推进催生了电力市场化交易等服务需求。这些连同其他有关因素，激发了终端电力用户用电安全、高效、环保、低碳、智慧化等多元化的市场需求。作为电力需求侧管理重要实施主体的电网企业、电能服务机构、售电企业，是市场化用电服务的提供者，面对终端电力用户越来越多样化的用电服务需求，应敏捷把握市场新机遇，从以往相对单一的供电、售电、节电等服务向综合用电服务升级发展，拓展服务内容，加快服务能力建设。综合考虑市场需求、技术进步、政策支持等因素，节电服务、电能替代服务、综合能源系统建设与运维服务、智慧用电服务、电力交易与金融服务等应是市场化综合用电服务的重大业务发展方向。政府相关部门应从培育电力经济高质量发展新动能、助力电力经济高质量发展的高度认知综合用电服务的客观需求，加快推进综合用电服务相关支持政策设计，着力推动综合用电服务升级及其市场化、产业化发展。

第二节 电力需求侧信息

一、电力需求侧信息的主要内容

随着信息技术快速发展，电力行业也进入了大数据时代。DSM的主要内容是对终端用户进行负荷管理，狭义上是指企业等用户的用电信息，而广义上的电力需求侧信息包含一切影响到用电需求的信息，如政府政策、法规、文件，电力负荷波动，社会经济发展速度，自然灾害，甚至相关负责人口述等信息，都会作用于用电需求。解决电力供需矛盾是DSM的主要任务，可以说，在大数据环境下，电力需求侧信息管理的质量对电力需求侧管理效果有着基础性的影响。

为充分反映用电需求，应保证电力需求侧信息是从能影响到用电需求的相关信息中提取的，这类信息可以从内部和外部两个方面进行归纳，笔者构建了电力需求侧信息的框架如图 2-5 所示，具体如何深入挖掘电力需求侧信息与如何描述其字段将在后续章节详细阐述。

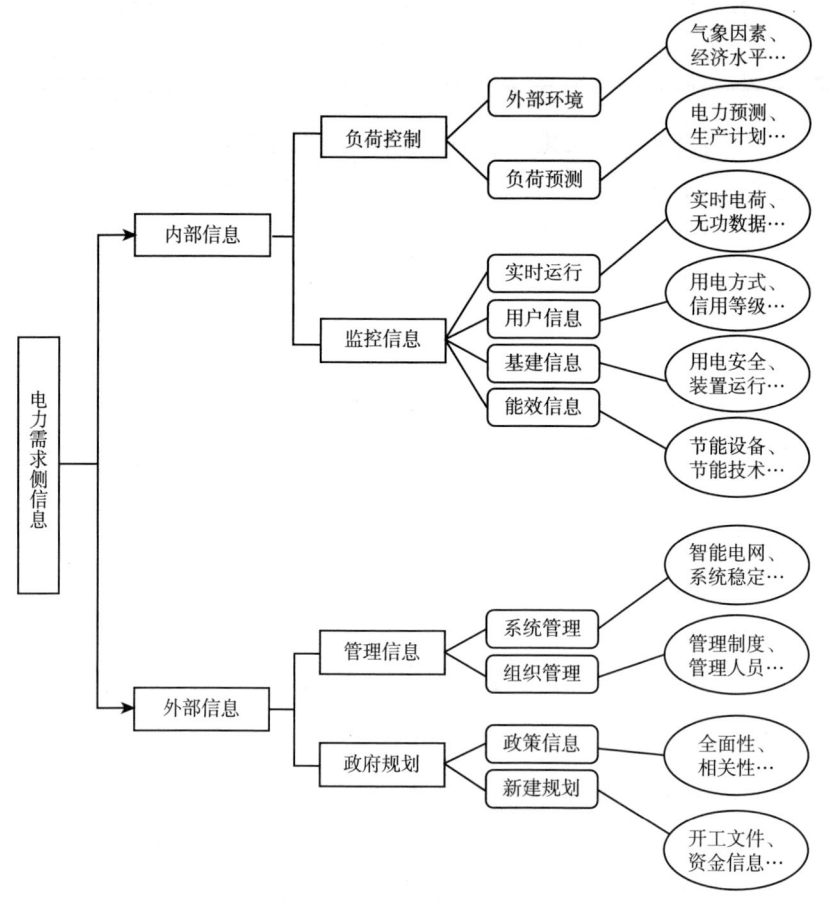

图 2-5 电力需求侧信息的主要内容

（1）内部信息。内部信息指的是与管理运行相关的信息，会选择用"负荷控制"和"监控信息"两个方面来反映，负荷控制信息主要指影响负荷预测的信息，主要包括外部环境信息和负荷预测技术、方法等内容；监控信息主要集中在电能运行、用户、基建等信息的实时监控状态。

（2）外部信息。外部信息指的是对电力需求侧管理产生影响的客观环境信息，具体通过"企业管理"和"政府规划"两部分信息来反映。"管理信息"一般可以分为系统和组织两个方面。除此之外，还需要考虑政府相关规划对电网发展的影响。"政府规划信息"又包括区域政策发布情况以及新建规划文件信息。

为进一步实现节能减排，有必要对电力需求侧的管理技术和管理能力等方面进行改进升级。技术上可以配备有益于节能和环境保护的生产工艺和管理性技术，如高效节能灯具、高效电机、节能调速技术等。财政方面，可以利用设备采购的折价销售、免费安装等活动，来释放节能动力。另外，积极利用电价机制，如分时、峰谷、实时等电价政策，来引导和激励社会节电节能。基于上述激励措施，电力需求侧内外两个方面信息能为电力需求侧管理提供坚实的基础和支持。可以说，要想让电力需求侧管理最大限度地发挥作用，需要对内外部信息进行全面、及时、准确的搜集与记录，并且对搜集到的信息进行科学的评价，这样才能最大限度地保证电力需求侧信息的质量，保证整个电力行业需求侧管理的效果。

二、电力需求侧信息与电力（能源）信息平台

在浙江、江苏、安徽、四川、重庆等多地，电网企业正借助对企业生产和居民生活用电量数据的分析，为复工复产和防疫管控提供决策依据。在企业生产方面，电网企业利用每天企业生产用电量数据，与历史上正常生产时期的日均用电量比较，研判企业复工情况，并统计得到各个区域及各个重点行业的情况。在居民生活方面，基于居民用户历史用电情况及日常用电习惯，电网企业筛选出春节期间日用电量低于正常阈值的用户，以日用电量变化幅度突增作为数据抓取条件，自动筛选出可能的复工流入人员，帮助当地政府迅速提升排查工作的效率。

由此可见，在近期疫情防控和复工复产工作中，城市能源信息分析发挥了决策支持作用。电力大数据分析在宏观上可为制订复工政策提供依据，在微观上可为防疫管控和有序复工服务提供支撑。预计未来，人们会更重视城市能源信息对城市公共服务的价值作用。

(一)城市能源平台为政府、能源企业、能源用户等提供第三方服务

近年来陆续出现了一批城市能源信息平台,为政府科学决策提供了支持。这些城市能源信息平台是对能源信息监测与管理的城市级(区县级、开发区级)云平台,将分散于不同部门和企业的相关信息进行整合,利用城市能源信息的分析结果,为政府、能源企业、能源用户等提供第三方服务。

城市能源信息平台可分为城市电力信息平台、城市热力信息平台、城市综合能源信息平台等多种类型。

城市电力信息平台的典型例子有广东佛山、江苏苏州等城市的电力需求侧管理平台,以及北京、陕西西安等城市的充电桩公共服务管理平台等。城市供热信息平台的典型代表有内蒙古包头的燃气热力综合监管信息平台,促进了对供热服务质量的监督、对供热节约高效的管理。城市综合能源信息平台涉及电力、燃气、热力等多能源品种的数据,可以更加全面系统地反映城市能源高效、清洁化程度。城市综合能源信息平台的典型代表有苏州工业园区开放式能源互联网共享服务平台、上海智慧城市能源云平台、天津市能源大数据中心、雄安市民服务中心智慧能源管控系统等。

(二)城市能源信息平台将从"能用"到"好用",充分满足用户需求

城市能源信息平台应以服务用户为导向,以数据反映真实情况,让用户没有难做的选择。只有用户愿意使用,甚至愿意采购,平台才真正实现了应有的价值,才有存在的意义。具体来说,城市能源信息平台可为政府有关部门、为能源企业、为能源用户服务,实际情况中不同平台的服务内容各有侧重和取舍,这主要受到投资及运营主体、各地用户痛点、各地能源情况等因素影响。

1. 城市能源信息平台可为政府有关部门提供服务。

首先,促进能源运行监管。城市能源信息平台可以监测当地节能、能源消费量、煤炭消费量、能源供需形势、公用事业服务质量、新能源利用水平、需求侧管理等运行情况,有利于提升城市能源精细化监管能力,从而促进各项能源政策的执行,并有利于改善用能营商环境。

其次,实时反映经济和民生等情况。城市能源信息平台可实现从能源看

经济、看民生，为实时研判经济运行和民生情况提供一种辅助工具。例如，通过能源消费数据判断工厂开工情况、独居老人情况、住房空置率、出租户数量、假日出行人数等，促进提高社会治理的精准性和有效性。能源平台还可以与政府的环境监测、安全生产监督、城市应急指挥、城市交通、征信系统等其他公共服务平台互联，配合相关部门的新需求进行数据分析创新。

最后，支撑政策前期研究。城市能源信息平台可为城市相关规划和政策的制定提供量化支撑。完善的数据积累和可视化设计有利于科学制定和滚动修订电力规划、热力规划、区域能源规划、清洁供暖补贴政策、清洁能源价格政策等。例如，城市能源分布图可以提供城市中的电力供需、热力及冷力供需、余热资源、地热资源等信息，帮助政策研究者和决策者快速掌握能源需求、基础设施、排放量以及可利用能源等情况。

2. 城市能源信息平台可为能源企业和设备制造企业提供服务。

城市能源信息平台可以为能源生产企业、能源输配企业、能源服务企业和能源设备制造企业等提供供需匹配、风险管控、服务认证等第三方服务，帮助企业解决寻找客户、寻找合作伙伴、合同履约、质量认证、融资等问题；帮助能源企业宣传清洁高效的城市能源新技术、新业态，增进用户的理解；帮助能源企业进行能源方案比选和投资分析，为企业提供用能需求和可利用资源等信息，降低企业投资的前期成本。

3. 城市能源信息平台可为能源用户提供服务。

城市能源信息平台可以为能源用户提供新闻资讯、最新能源价格数据、公用事业服务质量评价等透明、平等的能源信息服务；为能源用户提供客观公正的第三方服务，如用能诊断、能源负荷优化、寻找供应商、合同履约、服务质量评价、投诉处理等服务，提高用户办事效率，并促进用户降低用能成本和管理成本。

（三）城市能源信息平台需要现代的运营机制，需要多方共建共享

尽管城市能源信息平台的初步建成已经是迈出了一大步，但是成功运营这些平台还需要一个更长期的过程。运营中需要解决数据采集、数据建模、数据服务、数据开放、数据应用等大量问题，需要在反复迭代中逐渐摸索实现对政府、对能源企业、对能源用户的真正价值。城市能源信息平台从初期建成到利用城市能源信息的分析促进城市精细化治理，并对新型智慧城市建设发挥支撑作用，无疑还需更多努力。

为了充分实现政府管理支撑常态化、产品服务创新定制化、社会公众参与互动化等效果，城市能源信息平台离不开政府的支持、能源企业的深度参与以及各类服务商的共建共享。平台建设需要政府的全程支持，尤其是在突破数据壁垒和采购服务等方面。同时，平台需要能源企业深度参与，因为能源企业拥有数据采集和业务渠道的资源。另外，平台还需要开放给各类服务商来共建，如软件开发商、广告服务商、质量认证机构和提供贷款、保险、担保等产品的金融服务商等，让更加专业的机构做专业的事。

目前，我国城市能源信息平台的建设基本是通过政府或公用事业企业牵头进行投资建设和运营。其中，政府投资会受到政府财政收支平衡情况等问题的限制和影响，同时还面临业务的运营、推广及后期维护等困难。因此，城市能源信息平台建设完成后，若要实现高质量的运营，吸引更多数量的能源供应企业、能源服务企业和能源用户访问使用，就必须探索成熟的可持续发展模式。

我国新型智慧城市已经进入"以人为本、成效导向、统筹集约、协同创新"的新发展阶段。在数据驱动理念下，城市大数据平台日益成为新型智慧城市的核心组成平台，而城市能源信息平台是城市大数据平台的重要组成部分。未来，随着运营机制的完善，城市能源信息平台将更加有力地促进城市能源清洁低碳、安全高效利用，推动城市智慧发展。

总之，电力需求侧信息就要记录在专业的平台中，而平台的建设也离不开电力需求侧信息这一重要内容。

三、电力需求侧信息与大数据

电力与社会经济的发展密切相关，电力需求变化是经济运行的"晴雨表"和"风向标"。随着我国智能电网的发展，电力系统"发、输、变、配、用电"各个环节的信息化进程不断推进。在用电侧，利用电力大数据分析可以了解产业结构、经济走势、房屋空置率、区域消费能力等情况，从而可以更好地为经济服务。

伴随着智能电网的全面建设,以物联网和云计算为代表的新一代信息通信技术在电力行业中的广泛应用,电力数据资源开始急剧增长并形成了一定的规模。电力与社会经济的发展密切相关,电力需求变化能够真实、客观地反映国民经济的发展状况与态势。因此,发展电力大数据是电力行业革新的必然过程。

在用电环节,由于以用电信息采集系统和营销业务应用系统为主的信息化系统的数据采集点多、覆盖范围广,积累了大量的数据资源,各类业务数据从总量和种类上都已颇具规模,为智能用电大数据的研究工作提供了数据基础。

(一) 电力需求侧的大数据在各国的应用

在电力大数据的科学研究和工程应用方面,美国一直走在国际前列。欧洲国家近五年聚焦在部署电网分布式传感器和控制系统上,包括智能电表以及对用户采集数据进行分析。

1. UCLA 电力地图。

美国加州大学洛杉矶分校、加州可持续发展社区中心、洛杉矶水电部及政府规划研究办公室共同开发了洛杉矶电力地图(LA 电力地图),将街区平均收入、建设时间、占地面积等信息全部集合在一起,从而得出更为准确的社会各群体的用电习惯信息,为城市和电网规划提供了直观有效的负荷预测依据,作为城市内能源应用趋势的可视化分析工具,该地图有助于更直观地讨论如何进行能源投资,提高能源效率以及制订公共政策。

2. C3 能源分析引擎平台之电力用户分析工具。

美国 C3 energy 公司开发的 C3 能源分析引擎平台(C3 EnergyAnalytics Engine),将多个分散电力系统数据存储在云平台上,与工业标准、天气预报、楼宇信息、持久协议和其他外部的数据相结合;基于该平台开发了三个分析工具,为公司、商业用户及居民用户等提供能源投入冗余分析、能耗基准点、节能计划、电力用户空间视图等服务类应用(见图 2-6)。

3. 法国电力公司基于大数据的用电采集应用系统。

法国电力公司(EDF)在 2009~2011 年已安装 25 万台智能电表 Linky,计划到 2020 年安装 3500 万台,主要采集个体家庭的用电负荷数据,并以电

图 2-6　C3 能源分析引擎平台

表数据、气象数据、用电合同信息及电网数据等为基础,开发了基于大数据的用电采集应用系统。目前,法国电力公司以用户用电负荷曲线的海量存储和处理为突破口,利用大数据技术,生成用户用电负荷曲线及其关联数据。

4. E.ON 大数据智能用电研发中心。

2013 年 4 月,德国 E.ON 公司与爱立信(Ericsson)公司建立了位于瑞典的大数据智能用电研发中心,该中心同时提供咨询及系统集成服务,包含远程抄表及控制、电表管理、监测,服务层协议(SLA)管理,资产管理,商业过程管理,现场服务等。2013 年 9 月,E.ON 公司与 IBM 公司合作建立了位于德国的智能电能表数据中心(E.ON Metering)。

5. 国网江苏省电力公司营销大数据智能分析系统。

自 2013 年开始,我国电力企业着眼于用电与能效、电力信息与通信、政府决策支持等电力需求侧领域,开展大数据应用关键技术研究,并进行数据中心建设。国网江苏省电力公司于 2013 年率先开展营销大数据智能分析系统建设,初步实现电力看经济、电力看民生、用户用电行为分析三个方面的应用,并开发了对数据分析结果的可视化展示界面;系统另设有电力用户搜索引擎,可查询用户每日用电量情况,用于用电行为分析。

(二) 电力需求侧的大数据应用现状

1. 用电信息采集系统。

目前国家电网公司已在 27 个省区市公司部署,累计实现采集覆盖用户数超过 5 亿用户。根据现有采集系统的规模,国家电网公司范围采集系统每年数据增量超过200TB。

2. 电力营销业务管理系统。

营销业务管理系统功能主要包括客户基础档案信息、业扩报装流程信息、每月抄表核算信息、收费账务信息、分布式电源信息等几类数据。

3. 95598客户服务系统。

95598客户服务系统2014年将实现全网全业务集中,加强中心信息系统运行保障支撑,完成业务、IT运维等资源统一监控;提升外部服务能力,完成95598网站、移动APP、微信、短信等电子渠道协同运营。

4. 电能服务管理平台。

电能服务管理平台的数据架构分为数据源、支撑数据和业务应用数据三个层次。具体数据包括:DSM目标责任考核数据、有序用电管理数据、需求响应管理数据、售电市场分析数据、节能服务业务管理数据、用户用能数据、客户档案数据、电量电费数据、有序用电负荷数据等。

5. 地理信息系统。

电力GIS提供电力设备设施信息、电网运行状态信息、电力技术信息、生产管理信息、电力市场信息与山川、河流、地势、城镇、公路街道、楼群等自然环境信息集中于统一系统中。通过GIS,可查询有关数据、图片、图像、地图、技术资料、管理知识等。

6. 气象预报系统。

在配电环节,数值天气预报可以服务于分布式新能源功率预测和高精度母线负荷预测等领域;在用电环节,数值天气预报可服务于智能家居与高效能设备管理、用户电源与储能设备接入等领域。

(三) 电力大数据应用"瓶颈"

1. 数据融合存在障碍。

由于用户侧多个信息化系统在建设初期缺乏统一规划,开发厂商根据各业务部门的需求独立开发,导致数据结构不统一,同种数据重复存储,统计计算模型不一致,时间颗粒度难统一等一系列问题,难以形成全面的数据共享,与其他专业部门的系统存在数据壁垒。数据融合是大数据分析的基础,打破数据壁垒、实现信息共享是大数据应用的关键。

2. 数据质量参差不齐。

系统建设之前对档案质量管控不足，统计数据在颗粒度、维度、统计方式、完整性、一致性和准确性等方面千差万别，历史数据难以收集和整理。此外，部分数据尚需手动输入或修正，采集效率和准确度还有所欠缺。数据质量的高低、数据管控能力的强弱直接影响着大数据分析的准确性和实时性。

3. 硬件设备承载力有待提升。

近些年，电力数据呈爆发式增长，现有的系统架构和硬件设备只能够满足日常业务的处理要求，用电侧信息化系统对数据储存的颗粒度小，而且存储时间要求长，这对其数据存储和处理能力、数据交换能力、信息网络传输能力以及数据展示能力都提出更高要求。需要对现行硬件及时升级改造，提高系统运行效率和稳定性，支撑大数据分析工作。

4. 隐私保护和信息安全面临挑战。

电力需求侧大数据必然会涉及众多用户的隐私，由于目前用户数据的收集、存储、管理与使用等均缺乏规范，更缺乏监管，主要依靠企业的自律保护隐私，因此对信息安全也提出了更高的要求。电力企业地域覆盖范围极广，各类防护体系建设不平衡，信息安全水平不一致，因此亟须从技术手段和政策法规两个层面解决用户隐私保护和信息安全面临的挑战。

面向电力需求侧的大数据技术，不仅仅是电力需求侧管理领域在技术上的进步，更是在发展理念、管理体制和技术路线等方面的重大变革，可为未来智能用电技术的广泛推广应用提供坚实的数据基础。此外，电力大数据的有效应用可以面向行业内外提供大量的高附加值的内容增值服务。我国电力需求侧管理的发展，亟待充分利用现有信息化系统和大数据技术，探索目前"瓶颈"问题的解决方法，挖掘海量数据蕴藏的价值。

第三节　信息质量理论基础

一、信息质量的概念

信息质量概念来源于数据质量，关于信息质量概念不同学者有不同的归纳，Richard Y. Wang 所著的《信息质量》一书汇集了当今信息质量领域内一批知名学者的学术成果与见解，从不同视角对信息质量研究、实践、教育等所涉及的基本问题进行阐释。本部分在归纳前人研究的基础上，主要谈谈一般的信息质量定义与特征，而电力需求侧的信息质量问题将在后续章节详细阐述。

信息的质量是由使用信息以完成其工作的用户决定的。Armand Feigenbaum 一再强调："用户说质量是什么，质量就是什么。""质量是要由客户决定的，而不是工程师决定的，也不是市场部门决定的，更不是管理者决定的。质量取决于用户对产品或者服务的实际期望，它是根据客户的需求进行衡量的——不论是定义的或者没定义的，受关注的或者不怎么受关注的，技术实现的或者完全凭靠主观判断的——其目的都是要表现市场竞争中不断变化的目标。"

对信息来讲，这意味着信息质量应该由知识型员工来决定，而不是由系统开发人员来决定，也不是由业务联络人来决定，也不是由信息技术管理者或者信息产品管理者来决定。信息质量取决于知识型员工要用信息做哪些实际工作，并且要根据知识型员工的需求来衡量数据质量——不论是定义的或者没定义的，受关注的或者不怎么受关注的，技术实现的完全靠主观判断的——其目标都是要表现复杂的商业环境中不断变化的目标。

二、信息质量的组成

信息质量有三个基本组成部分，每一个组成部分都有其独特的质量特征，一定要对此加以理解、衡量并且不断优化，这样才能解决信息质量问题。

1. 信息定义质量。

像信息生产者一样，知识型员工也必须懂得如何衡量信息，否则他们就不能正确地做好自己的工作。信息生产者一定要知道业务规则、有效值等，只有这样他们才能保证所生产信息的准确性。

信息/数据的定义并不仅仅是写几个文档。信息定义对数据来说，与制造业产品规格对制造业产品的作用一样。一个错误的定义或业务规格说明，将会阻碍信息产品的质量。

2. 信息内容质量。

那些"产生"或者"更新"数据的业务流程产生的是信息的原材料，这些流程必须正确地"产生"或者"更新"数据才能保证信息内容质量，如保证信息的完整性、有效性、准确性、时效性等。

3. 信息交付质量。

当数据被收取、格式化、集合整理并与其他数据结合起来，然后交付给知识型员工时，它可作为完成的"信息产品"。交付质量特征包括可访问性、实时性、直观性以及客观性等。

这里我们应关心的是数据的信息内容质量特征是否包含在数据库中或者提交给知识型员工。

三、信息定义——"信息产品的规格说明"

根据美国传统词典的解释：产品的规格说明是一种"对细节，尤其是对材料、维度、制造时设计的工作强度、安装或制造等方面进行详细的说明"。

同样地，信息资源数据（或者说元数据）也有一个集合，它构成了信息产品规格说明。信息产品规格说明（IPS）包括结构化数据的数据名、定义、有效值的取值范围、业务规则以及格式标准等，如产品名称或地址。一定要对IPS中涉及的所有方面和特征的质量严格把关。

要保证"待生产的信息产品详细而准确的信息"，需要3个质量特征。

（一）信息标准质量

组织的信息标准是能指导"信息产品规格说明"生产的"规范的指导方针"。如果这个标准有错误或者未被遵守，那么组织信息产品的数据名、定义以及业务规则等规格说明都将会有所缺失或定义失败。信息质量标准的特征包括：

1. 标准是企业关注的重点。标准可以由所有共享数据的人应用于所有的信息资源。

2. 标准应该由业务相关人员规定。信息标准应该由所有共享信息的业务领域相关负责人过目并经过认可后方能生效。

3. 应用标准的缩写。如果缩写的单词用在要知识型员工看的数据中，那么它应该是企业范围内通用的唯一的、官方的业务缩略词，而且缩略词要经过业务代表或者业务信息管理人员的批准方能使用。

4. 单一的对象类型。信息模型的开发包括将现实世界中的对象和事件定义成实体类型，这些对象和事件应该是企业必须了解的事实。标准的目的就是要让一个实体类型代表"一类"事物或该类事物的"子类"事物。

5. 正确的对象关系。标准要能正确地区分实体类型之间的关系，据此正确地反映现实世界中对象或事件间的关系。

6. 单一的事实类型。标准要能识别现实世界的对象和事件的事实（或者说属性），因为业务部门只有知道这些才能更有效地运作并完成任务。

7. 所有媒介的名字均应规范化。因某一特定事实而命名的数据应被标准化，不管这个名字是用电脑屏幕显示，是电脑报表显示，是放在数据库中，是作为数据单元的名字，还是用在文档中，在任何该数据的使用形式中，它都应该被标准化。

8. 信息标准应用于新开发的系统和软件包的评估。如果制订标准后却没有被广泛遵守，那么它就不能称为标准。信息标准的重要性自是不言而喻。它们是命名和定义业务术语、实体类型以及属性的指导方针。信息标准的目标是增进业务与信息系统专业人士之间的沟通，同时，提高业务和信息系统的生产效率。

（二）信息命名质量

信息名称影射着业务术语的含义，或某事物的实际情况。不确切的命名会让人产生误解，甚至导致错误。关于信息命名的质量指导方针应该包括：

1. 业务术语命名质量。业务术语代表了某个概念、技术或者分类，要能够区分这个名词与企业以及行业内的意义相关的含义。通常，一个术语在不同的领域会有不同的含义，就像有些多义词在不同的语境中会有不同的含义一样。

2. 实体类型命名质量。实体类型名称是企业必须知道的事情的标签。

3. 属性命名质量。属性名代表的是现实世界中对象的事实，如"出生日期""姓名"等。要保证属性名的质量，就应该让它能够表示能够描述该实体类型的某一个具体的事实类型。它一定要代表某一对象在现实世界中的特征。

（三）信息定义质量

业务术语、实体类型以及属性的定义都是业务交流的关键。它们对信息产品来说都很重要。如果知识工作者不了解它们所代表的数据含义，那又如何生产出正确的数据呢？

1. 业务术语定义质量。一定要对业务术语进行定义，这样才能澄清概念，使其符合某一特定域的使用。如果一个术语有多种含义，那么使用该术语的域一定要对其进行特别说明。

2. 实体类型定义质量。某一个实体类型或其子类型的定义，必须能够清晰准确地定义由该类事物或事件所代表的对象。

3. 业务规则说明质量。业务规则表示可能会应用于业务活动以及业务活动信息中的政策、条例或者其他的控制。业务规则一定要正确、清晰、完整，这样相关负责人才能获取要求。软件执行与合理性检测也需要清晰完整的业务规则定义。

四、信息的不同形态——"原材料"数据与"信息成品"

制造业有原材料以及成品，信息也是类似，从数据这种原材料开始加工，经历收取、格式化、集合整理并与其他数据结合等一系列流程后产生成品，然后将成品交付使用。

制造业的公司一般都从别处购买原材料来制造产品，而组织所需要的信息原材料——数据，却一般是组织从自己内部流程获得的数据，也有些是从信息经纪人那购得的。

知识型员工需要多项质量特征来保证信息内容的质量。除了内容质量以及其他的一些特征外，知识型员工还有一些交付质量方面的期望，接下来就将对其进行讨论。

(一) 信息内容的质量特征

主要的信息内容质量特征包括：

1. 定义一致性。数据值应该与属性（事实）的定义一致。

2. 完整性。每个流程或决策所需要的全部信息都应具备。

3. 记录完整性。企业所需要的对现实世界的每一个对象或事件的记录都应该具备。

4. 值完整性。每一个给定的数据元素都应该拥有所有记录不可或缺的值。

5. 有效性。数据的值要符合信息产品的规格说明。

6. 值有效性。数据的值应该是有效值或者是符合规定该数据元素有效值变化范围的值。

7. 业务规则有效性。数据值应该符合一些特定的业务规则。

8. 推导有效性。推导或者计算出来的数据值是依靠特定的运算公式或者推导规则得到的。如果基础数据是正确的，那么在经过正确的运算之后，就可以得到正确的数据。

9. 准确性。数据的值是正确的。

10. 数据源准确性。数据应当与经过证实的初始数据记录想吻合，如出生证明、文档或者是从组织外部的团体中收到的确信可靠的源数据。

11. 事实准确性。数据应该能够精准地反映现实世界的对象或事件。准确性则是对信息固有特性的最高要求。

12. 精确性。数据的值要精确到某个合适的标准。如价格要精确到分，时间要精确到秒。

13. 唯一性。在一个数据库中，用以代表现实中给定对象或者事件的记录，有且只有一个。

14. 源头保障。信息的源头应该：①保证它所提供的信息的质量；②建立保证档案书，用以记录其在获得、维护以及交付信息时所能提供的质量管理功能；③提供客观且可证实的信息质量衡量标准，这些标准应用一种符合质量特征的方式提供。

15. 冗余或分布式数据的等效性。对于同一个客观对象或者事件，一个数据库中对其的表述应该与其他数据库中存储的数据相同。

16. 冗余或分布式数据的并发性。信息传递时间或者说时延应该降低到信息在 a 与 b 之间传递时所需要的最小值，其中 a 代表一个已知的主数据库，而 b 代表另一个已知的冗余或者分布式数据库，而并发性就意味着这些不同的数据库能够产生相同的结果。

（二）信息质量度量

信息质量特性要求不同的衡量技术的支持。有一些信息特性可以用软件这种电子手段衡量。其他一些特性如准确性，则要用物理的比较方式来完成，这种方式要求将数据与现实世界中的对象或者某个事件的记录进行对比。

1. 定义一致性。

度量方法：电子或人工检查

如果属性是个日期，表达的事实的值属性理所当然的是日期型。同理，地址属性表达的必须是地址。代码和代码的值所表达的内容也应该与事物分类相吻合。

2. 完整性。

（1）记录完整性。

度量方法：电子检测或人工检测。

要弄懂自己所不懂的事情并非易事。人们一般不容易觉察一些对象与事件的记录丢失了。没有将应该记录下来的信息或者删除了不该删除的信息等，都会造成记录的丢失。

当处理这些难以确定的对象时，通常不得不找到较为可靠的源头来对比现有数据。

在发现数据丢失并且将丢失项加到数据库中以后，应该计算一下丢失记录百分比，这个值应该用丢失的记录数量/（丢失的记录数量＋正常的记录数量）来计算。

（2）值完整性。

度量方法：电子检测。

现实世界的特征丢失了，那么在创建记录的过程中某些数据元素也就丢失了。举个例子,某个员工在职时,我们能把有关他的所有数据都记录下来,一旦他离职,那么后面的数据就丢失了。

当有效参数值变成一种强制类型时,这类属性应该具有相应的业务规则说明。

3. 有效性。

(1) 值有效性。

度量方法:电子检测。

使用简单的查询语句来检测数据元素的值是否为指定的有效值之一,或者检测数字型的数值是否在指定的或合理的数值范围内。

(2) 业务规则有效性。

度量方法:电子检测。

用电子检测把执行业务规则和捕获数据的过程区分开来。

这些业务规则可能包括合理性检验或相关性检验,保证值符合业务规则或合理性。

NOTE:业务规则也很可能是错的。有时现实世界的数据值看似在预期值的范围之外,但实际上它却是正确的。

(3) 推导有效性。

度量方法:电子检测。

可以通过独立地执行重建计算或分类的查询语句的方法评估推导有效性。

NOTE:首先确认方案或派生规则的准确定义。这些定义可能随着时间的变化而过时。

4. 准确性。

(1) 数据源准确性。

度量方法:电子检测或人工检测。

这种检测就像把你的电子数据和外部的权威来源比较一样简单(例如,邮政服务数据和地址之间的比较)。

NOTE:关于数据源的准确性度量,你必须先弄清楚数据源到底有多准确。邮政服务数据只能保证某个地址的正确性,但不能保证这个地址上的人没有发生变化。一定要理解所有代理源使用的局限性并将其文档化。

（2）事实准确性。

与数据源准确性度量方法类似。

5. 精确性。

度量方法：电子检测或人工检测。

根据数据的性质，检测方法可能包括对精确的记录装置和更准确的度量装置进行比较，或者会包括确保数字数据，如货币汇率，能精确到合适的位数。

统计学的分析应该在科学研究、调查或者样本数据的质量评估中一直显示信息的置信度和置信区间。

6. 唯一性。

度量方法：电子检测。

在度量唯一性时，我们应使用几种相关联的测试方法来判定两个记录是否是现实世界中对同一事物的重复描述。

最好的搜索算法使用模糊配对，并允许存在交换错误、典型的拼写错、姓名或字词的缩写、同义词，等等。

7. 源头保障。

度量方法：电子检测或人工检测。

NOTE：有些人把"可靠性"称为信息质量特征。这种主观的度量会随着时间改变。一个较好的度量特征是从信息源处获得书面的质量保证。凭证就是一个可信任的认证机构是不是能认证源的信息质量过程。另一种检验的方法是客观地通过信息质量对各种重要的特征进行度量。

8. 冗余或分布式数据的等效性。

度量方法：电子检测或人工检测。

如果一个数据库和另一个数据库之间存在最小的转换，并且数据库保持常见的主标识符，度量该特征就很简单。

如果存在转换，那就必须定义用来比较一个数据中的有效参数值和其他数据库中可比较的代表数值的测试方法。

如果数据库不能共享主标识符，那么必须先尝试着执行重复匹配来鉴别两个数据库中的等效记录。只有通过对一个数据源元素和另一个数据元素进行比较才能检查两个数据库中的值是否具有相同涵义。

9. 冗余或分布式数据的并发性。

度量方法：电子检测。

通常，度量信息流的电子检测包括记录标记。

另一个方法是度量从首次在第一个数据库中建立记录到记录被完全导入到下游数据库的过程中花费的时间。

第四节　信息质量管理及其延伸

一、信息质量管理的误区

（一）期望"灵丹妙药"

一些企业认为通过购买打包式解决方案就能处理所有的数据质量问题，并且能将质量问题立即消除。企业开展数据质量项目的第一步，通常是购买数据质量工具。通过企业购买数据质量工具的频率，我们可以看出企业对质量管理"魔法工具"的热衷和乐观期望。在执行数据质量改善项目前购买软件，显然是处于应激的环境。同时，数据质量是由技术驱动解决方案这一观点也是对大家的误导。似乎更多时候，高层管理者考虑的是如何"修理"不符合规则的数据，而不是考虑如何从源头阻止劣质数据的进入。

您的企业多长时间采购一次数据质量工具？您购买的工具是立即投入使用了还是被束之高阁了？尽管数据质量工具可以作为数据质量管理项目的一个重要组成部分，但企业首先要问自己，购买工具的动机并考虑自己的流程，以及这两个方面对实现数据质量改善所能发挥的潜在作用。

（二）没有正确的专业知识

一些企业还有这样的一种期望：只要数据质量项目在企业内部一启动，数据就会发生明显的改善。实际上，也不是这样的。开发数据质量管理项目是一个战略任务。它的成功取决于业务和技术这两个方面专业知识的共同支持。数据质量管理的很大一部分情况是非常复杂的，尤其是企业级的数据质量管理,它是依赖于咨询的。

额外的复杂性是由方法和工具对流程的强耦合来引进的。通常,数据质量管理者需要对数据质量改善行动负有责任,因此他必须具备一定的知识或权力,否则就无法保证数据质量改善活动的进行。没有相应的知识和权力,就无法提出相应的数据质量解决方案,其数据质量改善团队也不清楚从哪里开始着手数据质量改善的活动。出现这种错误的原因就是因为没有引进具备适当的专业知识的人以支持和促进项目的启动。

(三) 企业文化变迁

我们试着改善数据的质量,却经常忽略我们必须在现存的企业文化中工作,以寻求改善的目标。如果不了解人们最初是如何引入的信息,技术也就无法终止数据质量的问题。

集中分析数据仓库的变化就是一个很好的例子。在将来众多系统的数据项导入数据库之前应准备对其进行提取、聚合及转换等工作。当数据项被合并在一起时,就可能会出现数据质量问题(也许客户的名字或账号存储的形式会稍有不同,相似列的数据类型可能会不匹配,导致数据值的丢失或字段的不完整)。但是,没有上游系统控制者的配合,数据仓库管理者就会经常对控制输入数据的质量感到无能为力。想要数据仓库中的数据质量高,就需要上游管理者对数据质量有更严格的要求。问题就在于如何让"不起劲儿"的上游数据管理者能够有效地对数据质量进行管理,最终使数据仓库中的数据质量得到其最初期望的改善。

二、数据质量管理

"数据质量管理",强调的是管理,完成的目标是提供优质数据。数据、质量、管理这三个词容易造成理解上的本末倒置,容易弱化管理的行为而强化了数据的自然属性,这就产生了一种阻碍说服高管们动员力量来注重数据质量的上下文语境。一旦管理团队认识到了 DQM(Data Quality Management)是管理事务,需要跨越组织中业务部门和技术部门,那么下一个挑战就是如何说服潜在的赞助者和股东,让他们知道应该关心数据的质量并付诸行动；实际上，这本来就是他们应该处理的问题，而非市场或者 HR 或者采购的问题。我们需要用一种能引起高管或董事会关注的方法来描述数据质量管理的各种元素，并以此获得"共识"。

三、信息质量中的综合评价方法

在构建信息质量指标后，综合评价是一种可取的评价方法，尤其适合多层次、多指标的汇总评价。综合评价方法是综合评价的核心问题，是获取综合评价结论的重要途径和工具。目前比较常见的综合评价方法大致可以分为定性评价方法、定量评价方法、基于统计分析的评价方法、基于目标规划模型的评价方法以及多方法融合的综合评价方法等五类。

（一）定性评价方法

定性研究是评价者根据对评价对象的观察和分析，通过哲学思辨和逻辑分析，运用语言或文字来描述事件、现象和问题，并对评价对象的特征进行信息分析和处理。常见的定性评价方法有专家会议法、直接评分法和德尔菲法等。定性评价方法的特点是充分利用评价者（专家）的知识、经验、直觉或偏好直接对评价对象作出定性结论的价值判断，如评价等级、评价分值或评价次序等。这类评价方法在战略层次的决策，不能或者难以量化的对象系统，或对评价的精度要求不是很高的对象系统中较常用。

（二）定量评价方法

定量评价方法是评价者围绕被评对象的特征，利用数据或语言等基础信息对被评对象进行综合分析和处理并获取评价结果的方法。在系统评价时，不仅要处理结构化、可定量等确定性因素和信息，而且还要处理大量非结构化、语言型、模糊、随机、灰色、贫数据等不确定性因素和信息。为了处理这些确定性和不确定性信息，产生了如层次分析法、网络层次分析法、模糊数学方法、灰色关联分析法、证据推理方法、可拓综合评价方法、熵权法、人工神经网络分析方法等定量评价方法。这类方法在综合评价过程中应用相对比较广泛，基本囊括了一些可以解决结构化和数据化等确定性信息的方法，也可以解决一些非结构化、语言型、随机型、灰色、模糊等不确定性信息的方法。

（三）基于统计分析的评价方法

基于统计分析的评价方法主要是利用相关变量之间的相关性或相似性来进行排序，其特点是需要依赖大量的同类数据作为支撑，该类方法比较适宜于经济分析和统计分析中。

（四）基于目标规划模型的评价方法

基于目标规划模型的评价方法，主要是基于多目标决策和多属性决策的思想，运用运筹学中的目标规划模型，对评价方案进行择优的方法。这类方法比较适合于多目标和多属性决策领域，其特点是择优而非排序。

（五）多方法融合的评价方法

多方法融合的评价方法是指利用不同评价方法在处理指标构建、指标赋权或评价信息上的不同特点和优势，将多个不同的评价方法同时运用于一个综合评价问题中，以提高综合评价的质量。其主要包括组合赋权方法、组合评价方法、多个信息集成方法的融合方法以及基于赋权方法和信息集成方法的融合方法等。

四、信息质量的周期性提高（质量循环）

在通过信息质量测量与评价后，可以得到目前信息质量所处的水平，接下来的工作就是质量的提高阶段。而信息质量的全面提高不是一朝一夕完成的，但是往往有不少企业家希望将信息质量提升"毕其功于一役"，这是不切实际的。

数据的流动围绕"数据—信息—决策—结果"的这一循环，信息质量扮演了基础性作用，是企业能否成功的一个重要标准。数据的质量可以从数据的众多用途中单独分离出来而进行评估，但是信息的质量却只能根据其特定用途而进行评估。因此，信息正趋向于定制化，以满足某一特定业务部门的主观需要，或者是某一特定战略机构的需要。换句话说，制订公司重大业务决策需要依靠这些数据。决策的质量由企业的生产成果来衡量。当然，现实情况往往是这样的：企业的生产成果并不是一朝一夕就能看出来的，而且这些成果也是一系列复杂的业务决策共同作用的成果。生产成果同时也能生产出更多的数据。这些数据可以形成与现存的主数据（如对现有顾客的销货量），或者新的主数据（如对新卖家的购货量）有关的新交易数据。不管是哪一方面，随着新数据的生成，质量循环图又从头开始，循环反复。

质量循环图通过数据、信息、决策以及结果向我们描绘了企业业务流程之间的相互联系。另外，它同样阐述了要想维持一个企业级项目的运转，数据管理与数据质量有多么的重要。因此，有必要将管理数据作为公司的一项资产。

在面临真正挑战时，质量循环图同样能够帮助我们分析根本原因，而低劣的质量则会在业务流程中引发许多问题。

完美的质量管理虽然能给企业带来高质量的数据，但却不能保证企业一定会获得成功。如果一个企业缺乏良好的信息质量管理体系，即使依照其质量管理所做出高质量的商业决策，结果也不会是乐观的。

显然，一个不重视数据质量的企业，其取得的商业成就是难以服众的。因此，经营一家无视数据管理的公司无异于经营一家高风险的企业。

信息是企业的重要资产，信息的质量对于企业成功至关重要。

本章小结

电力需求侧信息和信息质量是本书的主要研究对象，为此，本章把电力需求侧信息的概念进行了较为系统的界定，并较为详细系统地归纳了信息质量的相关理论。除此之外，本章还尽可能多地介绍了电力需求侧信息在新时期的新发展和新趋势，如楼宇载体的虚拟电厂、大数据下的电力需求侧信息、信息质量的全面管理以及信息质量循环等内容。以上理论研究工作将为后面具体研究的开展提供了一定的理论基础与铺垫。

第三章

电力需求侧信息质量测量的框架与尺度

电力需求侧信息质量测量的框架与尺度的定义是其信息质量评价和提升的基础性工作,就如同在评价和测量工作前,没有一把科学实用的"尺子",那么评价的结果可想而知。为此,本章将系统性地构建电力需求侧信息质量测量的框架,使后续评价在这个框架中进行。此外,还将建立起电力需求侧信息质量测量的尺度,犹如一把标尺,既有科学的工具也有精确的刻度,为具体测量工作提供支撑。

第一节 电力需求侧信息质量测量框架

为了提高电力需求侧信息的数据质量测量效率,在测量工作前建立数据准确性测量框架是一项重要的基础工作。本部分基于第二代数据质量管理系统,构建电力需求侧信息质量的测量框架,从测量方法的四要素解释说明测量框架的内涵。研究成果有助于根据特定环境选择合适的信息质量测量手段,避免测量的盲目性,为电力需求侧信息的数据质量的测量、评价及改进等后续工作提供基础。

一、数据质量与第二代数据质量系统

(一) 数据质量

数据由两个互相关联的部分组成:数据模型和数据值。数据模型是对真

实世界的抽象，定义与数据所有相关的东西。模型定义了实体类别，即感兴趣的事物集合，以及详细说明实体有关特征的属性和关联关系。

如果数据在运营、决策和规划中能够满足客户的既定用途，数据便是高质量的（Redman，2001），根据数据质量的定义，数据质量的最终裁决者是客户，而不存在唯一的判断标准，所以任何数据测量都存在一些困难。首先，数据是无形的，既然没有物理特性，因而也没有物理特性供测量。数据没有类似于长度、黏度、每百万单位所含的杂质量、阻抗或其他物理维度。现实的后果是无法通过直接检查判定某数据是否正确。所有数据准确性测量方法都必须参考人员知识、其他数据或真实世界。参考真实数据几乎总是代价高昂的。其他测量方法数据非直接测量或替代测量，使相关的解释变得复杂。

因此，在进行数据测量之前，必须设计数据测量的准确性框架，减少数据测量过程的不必要的无用工作，提高测量效率，尤其是对于电力需求侧信息来说，数据测量的效率和数据质量相对于常规信息来说要高，因而更有必要在分析其数据质量前，设计其数据质量的准确性框架。

（二）第二代数据质量系统

以发现错误的数据值并纠正它们为目的的技术称为"第一代"方法，包括以下一些内容：

①直接询问。组织向他们的客户、数据供应商或可能知道正确值的其他人询问，以检查数据记录的错误，并向他们通知正确值。

②数据清洗工具。用软件程序查询数据库，判断记录数据值是否在各自规定的取值范围内，记录有问题的数据并交由专家纠正。

③数据库采掘工具。将两个数据库中的数据值相互比较，把不一致的数据记录提交由专家进行纠正。

第二代数据质量系统是在第一代基础上发展起来的。第一代方法旨在发现和修复错误，而第二代方法则是从根源上预防错误，因而第二代能够以较低的成本持续产生更高质量的数据。第二代技术认为，数据是在信息链内创建的，信息链是来自从组织到客户创建者的长跨度、跨功能的数据和信息流。图3-1展示了信息链的基本内容和流程。

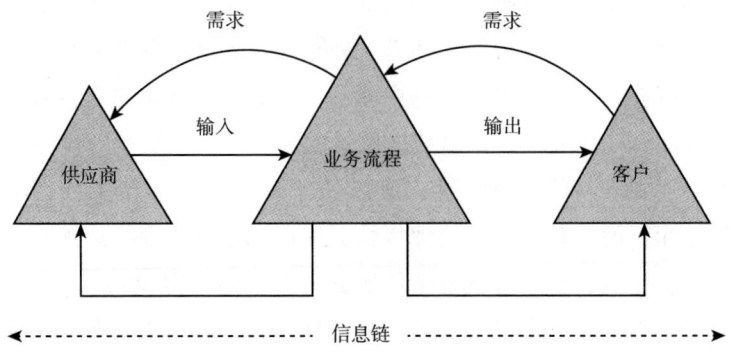

图 3-1 信息链的基本内容和流程

从图 3-1 可以看出，信息链是来自从组织到其他业务流程所涉及的那些使用数据客户的长跨度、跨组织的数据流。在每一步骤中，既可以修改现有数据，也可以创建新数据。

数据是含在信息链中的，为了预防未来错误，利用这些数据来确定错误的根本原因，然后修正或重新设计信息链流程，以便将来不产生类似的错误。数据质量无法自动提高，而是一直主动管理数据创建的结果。这意味着外部的数据供应商和内部的业务流程必须得到管理。图 3-2 和图 3-3 分别描述了数据供应商管理周期和信息链管理周期的基本内容。

数据供应商管理周期是一种管理外部数据供应商的结构化方法，数据测量发生在第三步，如图 3-2 所示。

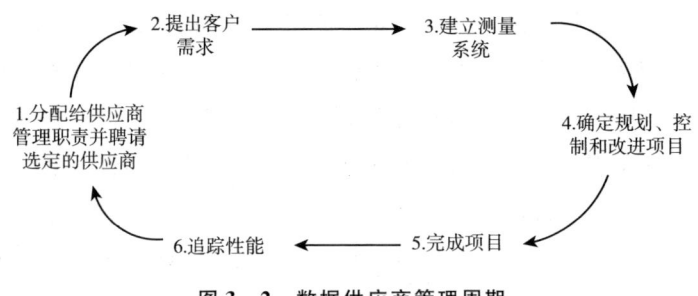

图 3-2 数据供应商管理周期

信息链管理周期是一种管理大规模信息链内数据质量的结构化方法，测量发生在第四步，如图 3-3 所示。

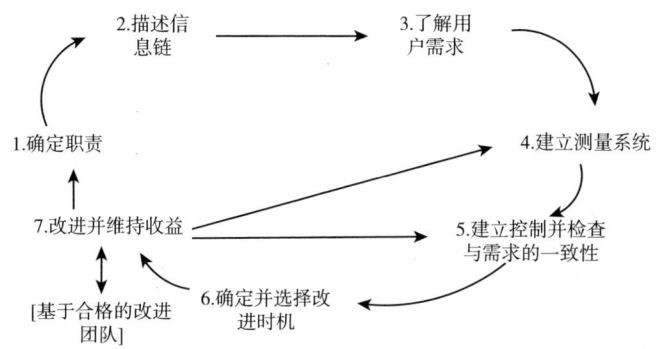

图 3-3 信息链管理周期

基于数据链的数据质量管理体系以及外部的数据供应商和内部的业务流程管理周期，一个比较完整的"第二代数据质量管理系统"才得以形成。

二、电力需求侧信息的数据准确性测量框架构建

现有的数据准确性的测量方法有很多，但都必须解决数据质量测量的基本要求，即数据准确性测量的四要素：

1. 测量位置；
2. 测量数据；
3. 测量手段；
4. 结果的尺度。

因此，本部分基于图 3-1 客户—供应商模型，根据电力需求侧信息准确性测量的特点，对该模型进行修改，将电力需求侧信息数据库包含进来，提出了电力需求侧信息的数据准确性测量框架，如图 3-4 所示。数据流的周围是 4 个要素以及每一要素的选择范围。图的上方列出了"测量位置"这一要素的选项，右侧列出的是"测量数据"这一要素，下方列出的是测量手段。

最后，报告结果的尺度列于图的左侧。因此，准确性测量可以在至少 6 个位置进行，包括数据的全集或一个子集，应用至少 6 种测量手段，并可以用至少 5 种尺度报告结果。

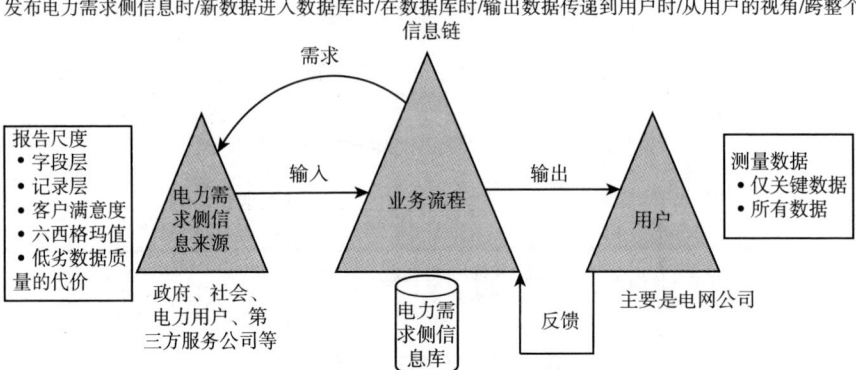

图3-4 电力需求侧信息的准确性测量框架

三、测量框架要素解释说明

(一) 测量位置

沿信息链考虑可测量数据的准确性,包括以下几个位置或阶段:

1. 发布电力需求侧信息时。对于电力需求侧信息来说,数据发布者如果是政府部门以及电网企业,其发布电力需求侧信息之前,是经过详尽科学的调查论证后才发布,在电力需求侧信息发布之后进行自查的必要性不大。而对于第三方机构发布的数据,直接引用政府部门发布的信息,信息自查的位置和政府部门类似,对于不是引用政府部门发布的数据,则数据自查的位置包括发布前后。

2. 新数据进入数据库时。如果采用第二代方法进行数据质量管理,则最感兴趣的是数据创建流程运作是否良好。因此,注意力应集中在新创建的数据或"正在进入数据库"的数据上。

3. 在数据库时。当一个完整的数据集合被存入数据库,就成为组织可以使用的资源。因此,基于数据库中的数据测量其准确性或许是最合适的。这样做比在任何其他地方进行测量通常都要更加容易。

4. 输出数据传递到用户时。在许多情况下,因为用户仅使用数据库中很小的一部分数据,所以电力需求侧数据传递到用户时也可以进行准确性测量,但测量的范围和效果均不如数据在数据库的阶段。

5. 从用户的视角。有观点认为,信息质量的高低由客户来衡量,所以主张把客户观点包括在数据准确性测量范围之内。

6. 跨整个信息链。在理想情况下,希望得到正确的和高效的信息链。这就需要以端到端的方式对信息链进行测量。

(二) 测量数据

讨论要对哪些数据进行测量:

1. 基于最重要数据应用的主要属性(字段)。在大多数情况下,某些属性(字段)比其他属性更加重要。许多记录由数十种属性构成,但是通常大部分属性不常会被使用。因此,将测量集中于最为重要的属性(字段)是比较合适的。

2. 所有数据(来自一个给定数据库的)。在一些情况下,如数据挖掘应用中,很难推测哪些数据是最为重要的。因此,准确性测量应包括所有的属性(字段)。

(三) 测量手段

讨论准确性测量采用的手段:

1. 全信息链数据跟踪。数据跟踪提供了当数据记录首次进入信息链便对其进行抽样的一个手段,跟踪其沿信息链的每一步的变化,并应用业务规则识别存在的不准确性。该手段极为有效,尤其在帮助管理人员发现错误的根本原因方面。

2. 专家审查。与数据打交道的人通常极其能擅长发现错误。许多人看似能凭直觉理解业务规则,尽管他们不能清楚地表述那些规则。因此,由专家提供的错误数量通常是测量准确性的良好基础。

3. 数据值与真实世界的比较。因为所有其他测量手段都是替代测量,一般来说,将数据值与真实世界的对应物比较是一种较好的方法。但该方法也是耗时耗力、代价高昂的。

4. 数据值和其定义的取值范围(或业务规则)的比较。这种测量方法比较简单易行,该工作在使用软件辅助更加容易,并且可采用的软件工具有很多。而且允许取值范围的概念可以扩展到任何数量的属性。

5. 用户反馈。如果在适当的位置有适当的反馈回路,则通过计数对不准确性的反馈来测量数据准确性是一种可行的办法。

6. 用户调查。用户调查的目的是得到有关数据准确性的意见,这部分内容也可以作为测量的一种手段。

(四) 结果的尺度

讨论报告结果时采用的尺度。

1. 在属性(字段)层。此时,准确性定义为:

$$字段层准确性 = \frac{判断为"正确"的字段数}{考查的字段数} \tag{3.1}$$

2. 在记录层。此时,如果记录的任一字段错误则认为该记录错误,准确性定义为:

$$记录层准确性 = \frac{判断为"完全正确"的记录数}{考查的记录数} \tag{3.2}$$

一般来说,执行某项操作或做出一项决策需要不止一个字段,而且即便只有一个字段错误,也必须修正该记录。因此,在记录层测量准确性能更好地反映用户心中的数据准确性。

3. 用户满意度。用户满意度可以用"非常满意""满意""不满意""极不满意"等梯度词汇来描述。

4. 六西格玛(six sigma)。近年,六西格玛应用比较广泛,这种方法使用"发生错误的机会"作为创建测量值的基础,这些测量值可进行跨领域、跨组织的比较。将错误率作为基于正态分布的通用尺度。表3-1给出了一些西格玛值以及与其相关的错误率,每个字段可以看作一个"发生错误的机会"。因此,测量可以基于字段层报告,然后将其转化为西格玛尺度。

5. 低劣数据的代价。某些数据错误的代价大于其他类型的错误,因此也可以根据错误代价报告来表达数据准确性,这种方法的优点是:决策者能够更好地理解所造成的代价,而且低劣数据的代价较高时比较容易促进措施的改进。

表 3-1　　　　　　　　　西格玛值与错误率对照

西格玛等级	错误率	西格玛等级	错误率
1	0.698	4	0.0062
2	0.309	5	0.0002
3	0.081	6	0.0000034

四、小结

由于信息质量的测量难度远远高于物理测量，而且测量方法众多，每种方法都有其优缺点，在不了解测量环境的情况下盲目进行测量，往往会带来消极的测量结果。鉴于此，本节的主要工作是建立起电力需求侧信息的准确性测量框架，从测量的四要素，即测量位置、测量数据、测量手段、报告结果的尺度详细描述了准确性测量框架，以帮助理解准确性测量方法，并基于特定环境选择其中一种或某些特定的测量方法，最终提高电力需求侧信息质量的管理效率。

第二节　电力需求侧信息质量维度的定义与测量尺度

数据质量是衡量应急信息有效性的重要因素，建立起电力需求侧信息的质量维度定义和测量尺度是必要的基础工作。针对应急数据质量维度测度尺度研究的不足，提出一组基于本体的应急数据质量维度：完整性、正确性、系统流通时间、存储时间和不变时间。根据 Krantz 的测量理论，证明这些维度都能够用比例尺度进行测量，随后提出具体的定义和测量方法，并说明了如何根据这些维度定义和测量其他与时间相关的数据质量维度。算例表明，这种精确性定义的应急信息质量维度和测量方法适用于应急信息的数据质量测量，可为衡量并提升应急信息的数据质量提供参考。

一、基于本体的数据质量维度

（一）数据缺陷

Wang 和 Wand 首次提出了一套以本体论原理为支撑的数据质量维度，

对数据缺陷进行了定义。数据缺陷是指一个标识真实世界系统的信息系统总推断出的真实世界系统状态试图与直接观察真实世界系统而得到的状态视图之间的不一致,如图3-5所示。

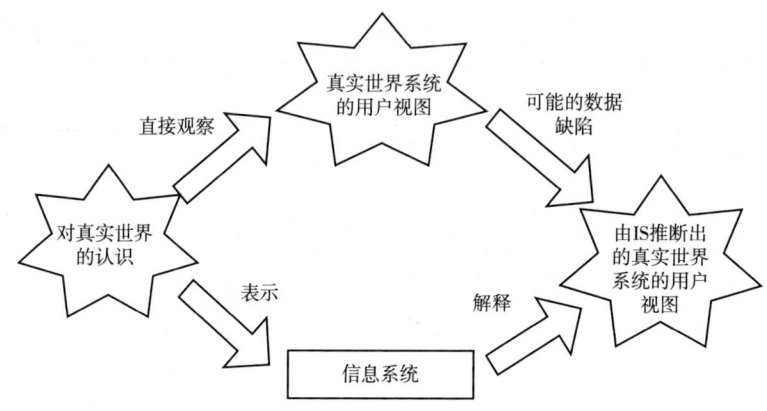

图3-5 可能的数据缺陷

所谓系统状态,是指系统在一个特定时间点上的状态,而状态是与时间相关的,可能不同时间段的系统状态会从正确向错误转变。因此,本书假定定义和测量都是假设系统状态,测量都是在某一个时间。

(二)真实世界到信息系统的映射类型

1. 无意义状态。

用RW_L表示真实世界(Real World,RW)系统的合法状态空间,以IS_L表示代表这一真实世界系统的信息系统(Information System,IS)的合法状态空间。这里不需要依据IS_L来穷举从RW_L到IS_L的所有映射。但是如果存在以下这种情况,即IS_L中的合法状态不能被映射回到RW_L中的某个状态(见图3-6),这样的状态称为"无意义状态"。

2. 错误状态。

系统运行时不正确的人员活动将会导致错乱的发展,例如,错误的数据录入或真实世界中记录变更失败。这种情况可以被定义为RW_L中的一个状态映射到IS_L中的一个错误状态。因而需要区分以下两种情形:

第一,映射到信息系统中存在一个无意义状态。在这种情况下,用户无

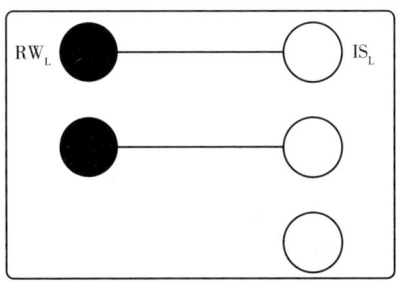

图 3-6 无意义状态

法映射回真实世界状态（见图 3-7a）。

第二，映射到信息系统总一个有意义但不正确的状态。在这种情况下，用户虽能映射回去，但是会映射到真实世界的一个错误状态（见图 3-7b）。这种情形与小构件总体指标的问题相关。尽管可能拥有正确的单个状态，但是，如果由于忽视尺度类型而将单个状态的测量结果不恰当地结合在一起，那么得到的总体指标将反映不正确的总体真实世界状态。

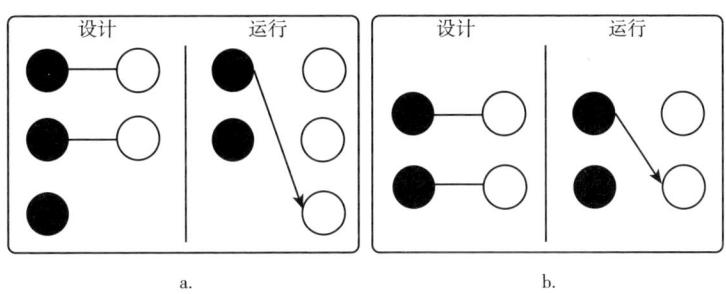

图 3-7 错误描述

3. 不完整状态。

对一个信息系统而言，要想正确描述真实世界系统，那么从 RW_L 到 IS_L 的映射必须是无遗漏的（RW_L 中的每个状态都要映射到 IS_L 中）。如果这一映射有遗漏，那么就会有一些信息系统没有描述的真实世界系统中存在的合法状态（见图 3-8），从而导致不完整性。

4. 歧义状态。

对于一个正确的描述，不应该存在两个真实世界的状态映射到信息系统中同一个状态的现象。如果 RW_L 中的几个状态映射到 IS_L 的同一个状态，

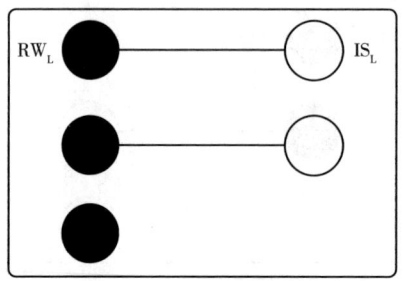

图 3-8 不完整性描述

那么就没有足够的信息来判断该状态究竟代表 RW_L 中的哪一个状态。这种情形称为歧义性（见图 3-9）。

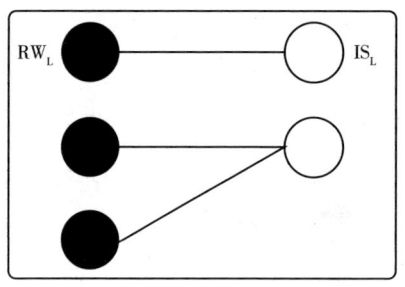

图 3-9 歧义性描述

二、比例尺度及其测量理论

（一）比例尺度

测量是将一个数字赋予对象某个属性的一种行为，用于赋值的数字集合和赋值规则称为尺度。Steven 将尺度分为 4 类：名录尺度、等级尺度、间隔尺度和比例尺度。其中，比例尺度是用于比例相等的情形，如不同数量的货币兑换为其他货币后其比例不会变，而且，比例尺度满足其他类型尺度的所有要求，许多数据质量维度的测量方法自然而然地使用了比例尺度。

（二）Krantz 定义与公理

Krantz 等人提出了一套可用于描述具有比例尺度对象的定义和定理，其中包括一套形式化体系，为确定标准测量单位提供结构体，反过来，该结构体可用作说明测量当前感兴趣对象比例尺度的基础。该形式化体系包括弱序定理、公理、定理和推论。

假设 A 为对象或者实体的一个非空集，这些对象或者实体表示所讨论的特性。"≥"为一个定义在 A 上的二元关系，B 是 A×A 的一个非空子集，"∘"是从 B 到 A 的一个二元函数。假设 a，b，c∈A。那么，在某种规定的定性方式下，当且仅当 a 表现出至少与 b 一样多的特性时，a≥b 成立。当且仅当且不成立时，记 a>b。

将 a∘b 定义为 A 中的一个对象，该对象是以某种规定的、有序方式组合 a 和 b 之后得到的，如从左至右连接 a 和 b。

定义：如果关系结构 <A，≥> 满足以下 3 个条件：

（1）自反性（reflexivity）：a≥a；

（2）连通性（connectedness）：或者 a≥b，或者 b≥a；

（3）传递性（transitivity）：如果 a≥b，b≥c，则 a≥c。

同时满足以上三个条件，则关系结构 <A，≥> 是一个弱序（weak order）。

公理 1：<A，≥> 是一个弱序。

公理 2：如果 (a, b)∈B 且 (a∘b, c)∈B，则 (b, c)∈B，(a, b∘c)∈B 且 (a∘b)∘c≥a∘(b∘c)。

公理 3：如果 (a, c)∈B 且 a≥b，则 (c, b)∈B 且 a∘c≥c∘b。

公理 4：如果 a>b，则存在 d∈A 使 (b, d)∈B 且 a≥b∘d。

公理 5：如果 (a, b)∈B，则 a∘b>a。

公理 6：每个严格有界的标准序列都是有限的。

则称四元组 <A，≥，B，∘> 是一个没有本质最大值的扩展结构（extensive structure with no essential maximum）。

公理 1~公理 6 对为了建立比例尺度定义在每一数据质量维度上的四元组 <A，≥，B，∘> 成立，这套理论可以为电力需求侧信息的数据质量维度的尺度建立基础。

三、电力需求侧信息的数据质量维度的定义和尺度

基于 Krantz 测量理论，本部分提出并说明电力需求侧信息的测量完整性维度的比例尺度。

在此之前，有必要提出被测量的基本单元，即"数据单元"。使用术语"数据单元"来表示其质量正被评价的一个预定义数据单元。数据单元可能由一个或多个成分构成。例如，一个数据单元可以是数、记录、文件、电子数据表格或者报告。

每个数据单元都有一个预先定义的详细说明数据单元列项及其格式的数据定义。例如，一个课程的数据单元可能包含如课程名称、课程编号、学分等数据列项。课程名称的格式可能是 20 个字母或数字组成的字符，课程编号的格式可能是 7 位数字，而学分的格式可能是 1 位整数。

同时，引入原语数据单元的定义。

定义：如果一个数据单元不是由其他数据单元连接而成的，则该数据单元称为原语。

（一）完整性

定义：如果给组成数据单元的每一个数据列项都赋予了符合该数据列项定义的值，那么该数据单元是完整的。否则，该数据单元是不完整的。

以课程数据单元为例。如果课程编号字段只有 4 位数字而不是数据定义要求的 7 位，则该数据单元是不完整的。如果另一个数据单元只包含课程名称、课程编号的值，而没有学分值，那么该单元也是不完整的。

从测量一个数据单元集合完整性的角度来看，每一个完整的原语数据单元对于整个集合的总体完整性的贡献是一样的；因此，每个完整的原语数据单元具有相同的完整度。

定义：假设一个原语数据单元的完整度为 1，那么一个由 n 个原语数据单元连接而成的数据单元的完整度为 $n(n>1)$，记为 Deg(数据单元) = n。

设 S 为正在进行完整性评估的所有原语数据单元组成的集合，S_{cp} 为 S

中所有完整的原语数据单元组成的集合。

设 A_{cp} 为所有完整的原数据单元和所有可能的连接（除了包含重复数据单元的任意连接）组成的集合。

设 $|S|$ 和 $|S_{cp}|$（集合 S 和 S_{cp} 的基数）分别为 n 和 A。Deg 为在 A_{cp} 上测量完整度的一个函数。假设则由于 a 是原语数据单元，因而 Deg(a) = 1。定义：

$$\psi_{cp} = \frac{\phi(a)}{n} = \frac{1}{n} \tag{3.3}$$

其中，n 是 S 的基数，作为规范化常量。对 $a_i \in S_{cp}$，那么 S 的综合测量可以通过下式计算得出，即

$$\psi_{cp} = \sum_{i=1}^{k} \psi_{cp}(a_i) = \sum_{i=1}^{k} \frac{\phi(a_i)}{n} = \sum_{i=1}^{k} \frac{1}{n} = \frac{k}{n} \tag{3.4}$$

以发布的电力需求侧信息为例说明 S_{cp} 的综合测量的评估过程：

在众多必须测量的完整性特性中，有电力需求侧信息编号 ID、电力需求侧信息内容和管理部门。尽管用于测量每一个特性完整性的指标都是凭直觉得到的，但这些指标与前面给出的形式化定义是相对应的。假设有 200 个电力需求侧信息的实例，且其中有 10 个实例是不完整的，则 n = 200，且 $\psi_{cp} = 0.95$。

（二）正确性

本部分将一种类似于处理完整性的方法应用于数据质量的正确性维度。基于数据质量的数据错乱维度定义正确性。

定义：当以下两个条件之一成立时，数据单元是不正确的：①数据单元映射回到一个无意义的真实世界状态；②数据单元映射回到一个错误的真实世界状态。否则，称该数据单元是正确的。

以电力需求侧信息为例。如果一个电力需求侧信息编号的值符合其数据定义，但却映射到一项不存在的电力需求侧信息，则该数据是无意义的。第二种错误类型的解释是：如果一个电力需求侧信息内容的值符合其数据定义，但却映射到一项错误的信息。

不完整的数据单元将导致歧义，这与不正确性导致的后果不同。通过引

入讨论完整性时的类似定义,能够说明正确性也可用比例尺度进行测量。

定义:如果一个原语数据单元的正确度为 1,那么一个则由 n 个原语数据单元连接而成的数据单元的正确度为 n(n>1),记为 Deg_{cr}(数据单元)= n。

假设 S 是一个正在进行正确性评估的数据单元集合,S_{cr} 是集合 S 中所有正确的原语数据单元的集合。给定 S_{cr},设 A_{cr} 是 S_{cr} 中所有正确的原语数据单元和所有可能的连接(不包括含有重复数据单元的任何连接)组成的集合。对于 A_{cr} 中的 a 和 b,$a \geqslant_{cr} b$ 表示 a 的正确度不低于 b 的正确度;即 $a \geqslant_{cr} b$ 当且仅当 $\text{Deg}_{cr}(a) \geqslant \text{Deg}_{cr}(b)$。当且仅当 $a \geqslant_{cr} b$ 成立,且 $b \geqslant_{cr} a$ 不成立时,记为 $a >_{cr} b$;即 $\text{Deg}_{cr}(a) > \text{Deg}_{cr}(b)$。

设 $|S|$ 和 $|S_{cr}|$(集合 S 和 S_{cr} 的基数)分别为 n 和 k。与完整性的证明类似,可以说明 Deg_{cr} 是一个在 Acr 上测量正确性的比例尺度。设 $a_i \in S_{cr} \subseteq A_{cr}$,则对 $a_i \in S_{cr}$,S 的综合测量可以由下式计算得出,即

$$\psi_{cr} = \sum_{i=1}^{k} \psi_{cr}(a_i) = \sum_{i=1}^{k} \frac{\phi(a_i)}{n} = \sum_{i=1}^{k} \frac{1}{n} = \frac{k}{n} \quad (3.5)$$

通过使用之前提到的电力需求侧信息的例子来说明上述定义。假设有 100 个电力需求侧信息发布的实例,其中 10 个与来自独立信息源的已知数据值不匹配,则 n = 100,ψ_{cr} = 0.9。

(三) 时间相关的数据质量维度

时间的数据质量维度评估依赖于时间的数据质量因素,如不变时间、合时性和流通时间,构成了数据质量维度的一个重要子集。所有使用时间作为基本测量单位的数据质量维度,均满足尺度前述的那些公理,并因此可用比例尺度测量。以基于本体论的数据质量维度为基础,本部分将处理系统流通时间、存储时间和不变时间的时间数据维度问题。

定义:系统流通时间是指从真实世界的状态发生改变到信息系统中相应状态更新之间持续的时间。

定义:存储时间是指从信息系统状态更新到当前时间之间持续的时间。

由于持续时间可用比例尺度测量,因而系统流通时间和存储时间都可用比例尺度测量。设 S 为 n 个数据单元组成的集合,且正在对其系统流通时间

和存储时间进行测量。假设 sc_i 和 st_i 均表示第 i 个数据单元的系统流通时间和存储时间,那么,对于 S,测量平均系统流通时间和平均存储时间的两个函数分别为:

$$\psi_{sc} = \frac{1}{n}\sum_{i=1}^{k} sc_i \tag{3.6}$$

$$\psi_{st} = \frac{1}{n}\sum_{i=1}^{n} st_i \tag{3.7}$$

设 S 是正在进行不变时间评估的数据单元集合,S_{vl} 是 S 中所有易变的数据单元的集合。给定 S_{vl},设是所有易变的原数据单元和所有可能的连接(不包括含有重复数据单元的任何连接)组成的集合。与完整性的证明类似,可以说明数据质量的不变时间维度具有一个保序尺度比例尺度。设 $|S|=n$,$|S_{vl}|=k$,$a\in A_{vl}$。ψ_{vl} 是一个测量不变时间的函数,定义为 $\psi_{vl}(a) = \frac{1}{n}$。则对 S 的综合测量可以通过对 $a_i \in S_{vl}$ 进行如下计算,即:

$$\psi_{vl} = \sum_{i=1}^{k} \psi_{vl}(a_i) \tag{3.8}$$

(四) 其他与时间相关的数据质量维度

合时性、流通时间和数据已存在时间是文献中经常提及的 3 个与时间相关的数据质量维度。最近,多路信息系统中的时间相关因素得到了研究。综合文献调查表明,术语"合时性"已被引用超过 30 次,术语"流通时间"已被引用超过 10 次,但大多数引用都没有对相应术语进行定义。通过审视这些描述,可以发现 3 个问题:①不同的术语被用于描述同一个概念。例如,合时性和流通时间都与保持数据最新有关。②同一个术语被用来描述不同的概念。例如,合时性不仅被用来指保持数据最新,还被用来指系统对用户的响应时间。③最严重的问题是,这些术语都没有被良好地定义。

设 DT 表示交付时间,IT 表示输入时间,ET 表示从 DT 到当前时刻的时间段,SC 表示系统流通时间,ST 表示存储时间,则有如下定义:

SC = 已存在时间;

ST = DT − IT,如果 DT 是当前时间或未来一个时间点;

ST = DT − IT + ET,如果 DT 是过去的一个时间点。

Ballou 等用不变时间表示数据保持有效性的时间长度，并用其测量数据的保存期限。换句话说，不变时间可解释为在用户任务背景下的使用寿命。相比之下，本书将不变时间定义为在规定误差范围内对数据单元值进行预测的能力。

电力需求侧信息数据质量的合时性维度通常被认为是具有用户依赖性的，例如，"在适合其使用的时间输出信息的可用性""数据被使用的时间"，或者"系统响应用户需求所用的时间"。任何测量合时性的函数都应该捕捉用户对合时性的观点。基于以上观点，本书提出合时性维度的测量方法：

$$合时性 = \left\{ \max\left[1 - \frac{流通时间}{不变时间} \right], 0 \right\}^s \tag{3.9}$$

其中，s 是灵敏度参数。

四、小结

数据是信息时代的原材料，为了收集和发布有效电力需求侧信息数据，必须提高电力需求侧信息的质量，这就需要对电力需求侧数据质量进行准确性定义和测量。本部分的主要工作是提出一组基于本体的电力需求侧数据质量维度：完整性、正确性、系统流通时间、存储时间和不变时间，并精确定义数据质量维度，对维度之间的连接给出经验解释，对每个维度提出了相应的数据质量测量方法。相关结论可以推广至电力需求侧信息的任何数据质量维度的构建、定义和经验解释。这种精确定义的数据质量维度及测量方法可服务于电力需求侧信息质量的测量和改进，可为电力需求侧信息的质量提升提供参考。

本章小结

构建科学的电力需求侧信息质量测量框架和尺度是其信息质量评价和改进的前提，本章基于客户—供应商模型，根据电力需求侧信息准确性测量的特点，将电力需求侧信息数据库包含进来，提出了电力需求侧信息的数据准确性测量框架；随后提出一组基于本体的应急数据质量维度：完整性、正确性、系统流通时间、存储时间和不变时间。根据 Krantz 的测量理论，证明这些维度都能够用比例尺度进行测量，随后提出具体的定义和测量方法，并说明了如何根据这些维度定义和测量其他与时间相关的数据质量维度。

第四章

电力需求侧信息库构建与周期性提高的策略

绪论部份提到,电网等相关部门逐渐认识到掌握电力需求侧信息的重要性,但相关工作做的还是不够,如没有建立起专业的电力需求侧信息管理平台,而是在其他信息平台中夹杂若干的电力需求侧信息。为了解决这个问题,本章提出并建立了"电力需求侧信息库",较为详细地构建了其描述字段,提出了管理机制。信息库的使用,建立起了电力需求侧信息的搜集、记录、跟踪更新平台的概念模型,可为相关部门具体的信息库建设和实施提供蓝图。

第一节 电力需求侧信息库构建

一、电力需求侧信息库设立背景

信息搜集是电力需求侧管理必要的前提工作,相关信息收集的及时性与全面性直接影响到电网规划的质量。本部分提出了电力需求侧信息库这一工具,用于记录并动态更新电网规划所需的支撑信息,从内部和外部信息两个方面的指标体系构建了电力需求侧信息库(以下简称"信息库"),并建立了信息库的管理机制,用于保障信息库充分发挥作用。从信息库及管理机制的建立及在供电公司应用来看,信息库有力地支撑了市级层面电网规划,有利于电网发展并支撑当地社会经济发展,同时也降低了风险与损失。

目前,现有的电力需求侧信息管理工具和方法已经比较科学,但相关政策变动、电源建设不确定性、负荷变化不确定性等对于电网规划的冲击较大。为了保证电网建设能很好地适应社会经济发展,减少相关风险的产生,建立专业的搜集、记录、动态更新电网规划所需信息的工具变得尤为必要。本部分在此背景下,提出了这种工具——电网规划信息库,构建了信息库信息收集的指标体系,为了充分发挥信息库的作用,建立了信息库的管理机制。信息库的建立,很好地支撑了电网建设决策的前期信息收集工作,对于记录、跟踪、收集、更新电力需求侧信息有着积极的意义。

二、电力需求侧信息库主题

为了构建电力需求侧信息库,并描述信息库字段,需要确定信息库的作用,即建立信息库的决策主题,通过明确这些主题,才能完善信息库所需的信息与描述字段,进而为构建全面科学的信息库提供依据。

根据作者前期研究,得到电网信息挖掘的相关决策主题,主要的电力需求侧信息主题有:

1. 电网故障分析;
2. 电网网架结构可靠性程度;
3. 电网项目投产后空载、过载程度;
4. 电网输电线路、设备状况分析;
5. 负荷预测;
6. 电网发展与负荷需求的协调性等信息。

基于以上主题,可以确定电力需求侧信息库的构建可以从内部信息和外部信息两大类五个不同具体类别来进行构建,信息库的结构如图4-1所示。

三、电力需求侧信息库的描述字段

内部信息。内部信息指的是电网运行相关的信息,主要包括能上升到电网规划层面的电网网架结构和可靠性问题的信息。

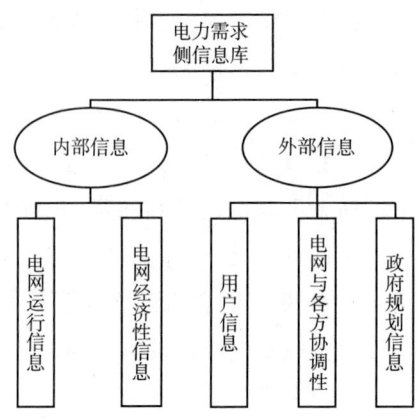

图 4-1 电力需求侧信息库的主题

外部信息。外部信息指的是从外部影响到电网规划的相关信息,主要包括用电客户的信息和政府部门规划的信息。

基于以上分析,将内部和外部的信息抽象为搜集信息的相关指标,具体来说,内部信息可以用"电网运行信息"来表示,外部信息可以用"营销信息"和"政府规划信息"来表示,以此作为建立项目信息库的字段,并构建信息库如下。

1. 电网运行信息。

根据调度中心和运检部等相关部门提供的信息,"电网运行信息"可以用区域电网运行信息、单变电站运行信息、单线路运行信息三个方面指标来反映。其中,区域电网运行信息指标由反映区域电网运行的综合性指标组成,提供了某年份某区县电网运行的相关信息;单变电站运行信息由反映单个变电站运行信息的指标组成,提供了某年某变电站的运行信息;单线路运行信息由反映单线路运行信息的指标组成,提供了某年某条线路的运行信息。具体指标选取参考了国家电网公司 2013 版内部对标指标体系(地市供电公司),以及相关部门专业人员提供的指标。电网运行指标如表 4-1 所示。

2. 营销信息(用户信息)。

通过与营销部相关人员沟通,确定营销信息可以用大客户报装信息、供电受限信息、片区负荷增长信息、低电压投诉信息来反映。其中,大客户报

表 4-1　　　　　　　　　信息库电网运行信息指标

区域电网运行指标	单变电站运行指标	单线路运行指标
县区名称	变电站名称	线路名称
年份	年份	年份
110千伏 N-1 通过率	负载率	线路重载有无
输变电系统可用系数	变压器重载率	T接有无
110千伏单线单变比例	变电站配电线路联络率	串供线路有无
变电站集中监控覆盖率	变电站配电线路重载率	线路运行年限
电压合格率	变电站配网线路供电半径	
供电可靠率	变电站高损线路比例	
容载比	短路电流超标站	
线路重载率	变电站备用间隔数量	
配网开关无油化率		
配网架空线路绝缘化率		
配网线路电缆化率		

装信息反映了用电负荷方面的信息，供电受限信息和低电压投诉信息从一定层面反映了电网网架结构和可靠性的问题。营销信息指标如表 4-2 所示。

表 4-2　　　　　　　　　信息库营销信息指标

大客户报装信息	供电受限信息	低电压投诉信息
客户名称	受限客户名称	区县名称
年份	年份	年份
区县名称	区县名称	投诉次数
投产年限	报装负荷	
用电类别	受限原因	
报装日期		
报装负荷		

3. 政府规划信息。

一般来说，编制电网规划还需要考虑政府发展规划对电网发展的影响，通过调研发策部最终确定了信息库政府规划信息指标。政府规划信息包括区域发展情况以及政府规划文件信息，区县发展情况反映了某年份某区县发展情况，包括 GDP、人口、负荷等情况；政府规划文件信息记录了政府规划文件的发布情况和文件内容信息。政府规划信息指标如表 4-3 所示。

表 4-3　　　　　　　　信息库政府规划信息指标

区县发展情况信息	政府规划文件信息
区县名称	文件名称
年份	发布日期
GDP 总量	
GDP 增速	
人口数量	
人口增速	
负荷总量	
负荷增长率	
区县功能定位	

四、内外联动的电力需求侧信息库的组织管理机制

由于信息库是实施动态为电网规划搜集和记录相关信息的工具，因此需要建立一套完善的管理机制用于管理信息库，以保证项目信息库能最大限度地发挥其在支撑电网规划的作用，保障电网规划的质量。

1. 信息录入与动态更新机制。

信息库作为支撑电网规划的有力工具，信息搜集的全面性和及时性是保证电网规划质量的关键。而信息库包含电网规划需要的内部和外部信息，因此需要供电公司内部多部门的协调配合，以高效完成信息搜集和更新工作。从信息库包含的内容以及供电公司部门的分工来看，一种可行的方法是：发策部负责政府规划信息的搜集和更新工作；调度中心和运检部门负责电网运行信息的搜集和更新工作；营销部门负责营销信息的集和更新工作。

关于信息录入与更新可以采取以下两种方案：一是各部门分别对负责的信息进行录入与更新；二是各部门将各种信息汇总到发策部，由发策部统一进行录入与更新。

关于信息库更新的频率问题，对于营销信息和政府规划信息这种变动较

为频繁的信息,推荐一个月左右更新一次,对于重要信息最好做到实时更新;对于电网运行信息推荐一个月或一个季度更新一次,但是在电网规划时期,必须进行一次全面的更新。

此外,由于信息库包含电网规划需要的大量外部信息,为了获取这些信息,市供电公司需要同政府部门与省电力公司进行沟通。因此,为了保障相关信息能高效在以上单位中流通,并及时传入市供电公司相关部门中,有必要在政府部门与省电力公司之中设立"电网规划办公室",在市供电公司设立"电网规划小组",由这些机构专门负责电网规划的信息搜集工作,即信息库的收录和更新工作,为了保障信息搜集与更新的高效与及时,以上机构应通力配合,及时掌握最新最全的电网规划信息,并做好电网规划工作。政府、省公司、市公司设立相关专责机构示意图如图4-2所示。

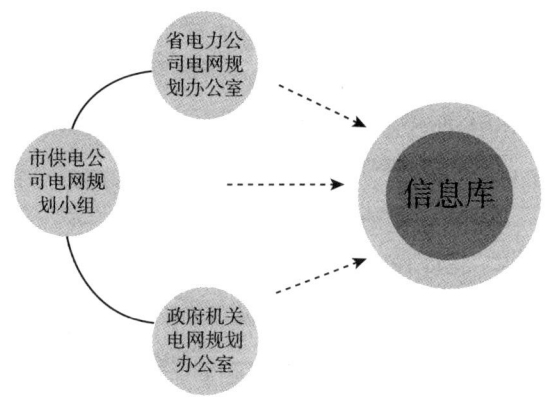

图4-2 政府、省公司、市公司设立信息库专责机构示意图

2. 项目信息库与电网项目关联机制。

项目信息库为电网规划提供支撑信息后,形成一批电网项目。因此,电网规划和信息库里的信息有着很强的关联性,不能将两者孤立看待。由于电网项目在后续的项目评价和开工前核实过程中都需要考察其背后信息库信息发展情况,因此需要建立项目信息库与电网项目关联机制。具体的关联机制是:项目基本信息中应该包含支撑该项目的信息库信息,而信息库中的信息应该附带与该信息相关的电网项目名称(见图4-3)。

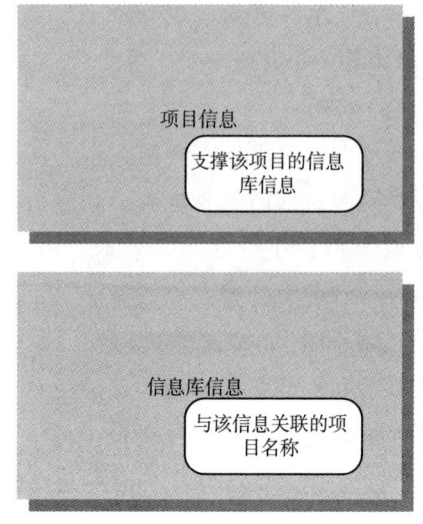

图 4-3 信息库与电网项目关联机制示意图

第二节 电力需求侧信息库质量提高的周期性策略

前面提及信息质量的提升不是一蹴而就的,需要周期性的、反反复复的改进和提升,为此本部分提出了电力需求侧信息库信息质量提升的周期性策略。

首先,从基于 CIHI 数据质量框架,可以把信息库的准确性、合时性、可比性、可用性和相关性这个概念来定义总体信息库的数据质量,进一步,细化为具体的评估指标。根据本项目前期研究,基于扎根理论等方法从大量调查问卷提取电力需求侧信息质量的基本指标,每个指标可以评定为满足、不满足、不适用或不确定四种情况。后期研究将对这些基本评价指标进行进一步筛选和凝练。

构建聚类算法把基本评价指标聚合成第二层的特性指标,每个特性指标都被赋予适用、临界、不接受、不适用或不确定等结果。进而,把特征层的评分聚合为 5 个数据质量维度,最后把 5 个质量维度的评分聚合为一个全面数据库的评估结果。电力需求侧信息库的信息质量评估框架如图 4-4 所示。

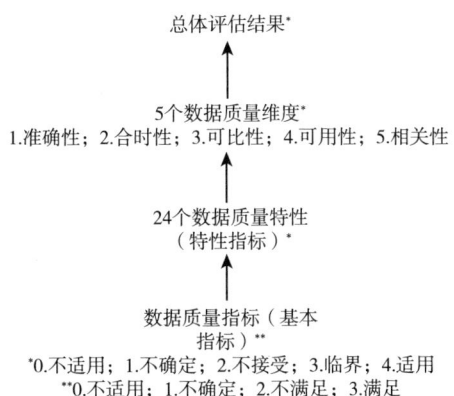

图4-4 电力需求侧信息库信息质量评估框架

其次,提高电力需求侧信息库信息质量的策略与实施。基于信息库的评估结果,按照信息质量需要改善的严重紧迫程度进行排序,得出"信息质量改进清单",按照清单对信息库的信息进行完善和改进,随后进行新一轮的评估,根据新的评估结果进行改善,直到得到满意的数据质量评估结果。这种信息质量提升的周期性策略可以用图4-5表示。

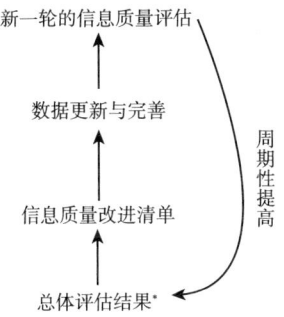

图4-5 电力需求侧信息库信息质量提升的周期性策略

本章小结

本章的主要工作是建立并描绘了电力需求侧信息库,阐述了建立信息库的意义,描述了信息库的构成字段,并提出了信息库的管理组织机构和机制。最后，提出了基于信息库的信息质量提高的周期性策略。信息库的建立，打破了电力需求侧信息质量评价对象不明确的处境，有了电力需求侧信息库这样专业的信息记录、收集和使用的平台，电力需求侧信息质量评价工作变得清晰明确，加上之前建立的电力需求侧信息库信息质量测量框架和尺度，将对接下来的信息质量评价和改进工作打下坚实的基础。

第五章

电力需求侧信息质量的评价

电力需求侧信息质量评价是本书的重要内容，本书将评价分为两个方面的内容，即评价指标体系的建立和评价模型（含实证）。由于电力需求侧信息质量的研究是个较新的范畴，因而并没有可以充分参考的文献资料。为此，本章采用一种常用的质性研究方法——扎根理论去构建信息质量评价指标体系，通过文献查阅和访谈的形式，进行编码和检验，最终得到指标。另外，借助于可拓综合评价模型，通过实证研究，不仅可以验证评价指标的科学性和适用性，还可以为改善评价结果指明方向。

第一节 扎根理论基础

一、扎根理论研究对象及研究方法

扎根理论是一个不断从理论事实出发，再形成实体理论，然后从实践演变为形式理论的过程，它是一个以积累科学知识为基础的理论和方法。基于科学理论和方法，数据收集和分析通常同时或连续进行，也就是说，科学研究人员应在获得的数据的基础和指导下，不断改善数据的储量和丰富性。从科学研究的过程中进行数据分析研究，不断调整数据分析研究重点，不断进行数据挖掘和更新工作。将注意力集中在不断出现的信息上，以便能够使研究者保持开放的头脑状态来正确对待他们的研究对象所需要关注的一个理论问题,这不仅是研究者的专业问题,而且是扎根理论研究者的基本理论条件之一。在理论的实质以及所研究的领域,任何数据资料涉及关系到理论研究者的一切,都是可以被研究者当作重要的数据资料来不断进行分析比较,从而迅速形成理论概念并最终准确发掘其中所需要涉及的概念和模式。理论研究者本身就需要充分地具有对理论的敏感度。所谓的理论敏感性是研究人员的个人特征,它是指研究人员能够从复杂数据中清除浮渣并区分复杂事物的相关性的敏感性,以及理论分析感知数据实质和微妙性的能力,它与研究人员的理论见解、分析能力等密切相关。

扎根理论是一个从具体到抽象的过程,其操作关键词包括"编码""不断比较""理论性采样""理论饱和""备忘录"和"逐字逐句"(见图5-1)。

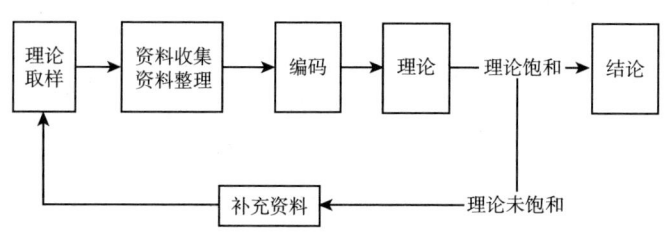

图5-1 扎根理论的研究流程

"编码"是指收集或翻译各种书面材料进行合理分解、识别相应现象、将概念化现象以适当的方式进行抽象,提升并整合到相应类别和核心概念系统类别的过程。具体的编码过程主要包括:开放概念编码(第一级),即通过发现其概念的类别,确定其属性和类别维度;主轴概念编码(第二级),也就是通过发现范畴的核心理论概念,可以建立类别的核心概念与其一般类别之间的各种关系;核心概念编码(第三级),即将其核心概念系统与其理论概念相联系的结合起来,同时整合多个范畴的概念。编码过程要求对文本保持一致,挖掘所有数据的性质和类别,确定数据和类别的基本性质和维度。

扎根理论另一个关键词是"不断比较",指的是为了确定相似点和不同点就某一概念、类别、属性、假设进行的连续比较,以便发展出一个完整且紧密相关的理论。其过程分为四个步骤:事件和事件(可在行之间进行编码),概念和更多事件(形成概念后,将其与更多事件进行比较以使新兴概念饱和），概念和概念（相互比较以形成更抽象的概念），外部比较（如轶事、文学等），当一个概念达到其理论完整性时，可以与文献或个人经验进行比较。在理论编码中，研究人员应不断建立关于数据内容的假设，通过数据与假设之间的比较来产生理论，然后使用这些理论对数据进行编码。

"理论性采样"即基于研究目标和研究设计的理论指导，可以为研究提供最大的信息量。其步骤为：选择第一组的受访者后得到概念/理论上的灵感，根据目标相关性的原则调整选择第二组的受访者，并选择第二组受访者的采访后，根据目标相关性的原则调整……当理论饱和时，不再扩大样本量。理论取样与统计抽样或随机抽样有本质的不同，在编码过程中，进行理论采样，研究者要对当前资料的分析引导理论采样，并且必须知道要收集什么，在哪里采集样本，以及样本会把它引向何处。

"理论饱和"通常认为是在泛指不存在可以直接通过获取额外的理论数据，以使研究者可以继续发展某个符合理论分析范畴之基本特征的时刻。

扎根理论要求所有的理论研究人员和工作人员必须时刻养成撰写研究备忘录的良好习惯，并在任何时候用它来记录自己对科学研究的深刻理解和深刻思考。这对于相关研究以及某些概念和事件类别中的关键人物显得尤为重要，都会产生新的灵感和困惑。通过追踪实时撰写的备忘录，可以提供推动有关重要理论采样的理论数据和研究线索，通过捕捉和追踪正在发展的有关理论，形成一个理论研究大纲，为下一步写作做准备。斯特劳斯（Strauss）和考宾（Corbin）阐述了访谈备忘录（operational note）、编码备忘录（code notes）、理论备忘录（theoretical notes）这三种基本的备忘录。访谈备忘录用来记录关于访谈过程和内容的信息及想法。编码备忘录用来描述信息、思考有关编码和相关概念的过程。理论性的采访备忘录主要集中在采访的概念和两者之间的关系上，以及逻辑关系思维及其归纳。访谈备忘录的意义和作用主要在于整合不同类型采访人物故事的概念和范畴关系，探索它们与采访者的逻辑关系，从而在丰富的对访谈人物故事资料的感性知识基础上为访谈者建构一套联系起被访者社会实践生活和社会实践经历的基本理性访谈知识。备忘录通常应该标注日期，以准确显示上下文和思维进程。

最后，对扎根理论的逐字分析的需要会减缓研究人员的速度。在开始收集新的研究数据之前，首先要考虑并比较有趣的研究现象，以便发现会引起研究者兴趣的可能性。因而也要尽可能地使研究者预想到自己要如何去进行抽样以了解的实际状况。

二、扎根理论研究过程

编码是在不同概念，以及在不同事件、事件间的对照中，形成的更多范畴、特征以及概念化的资料。该阶段分为三个阶段（见图5-2），研究者需要针对资料不断提出的问题是：所收集到的数据是关于什么的研究？这个事件所指出的是哪一个范畴？数据中真实发生的是什么？……

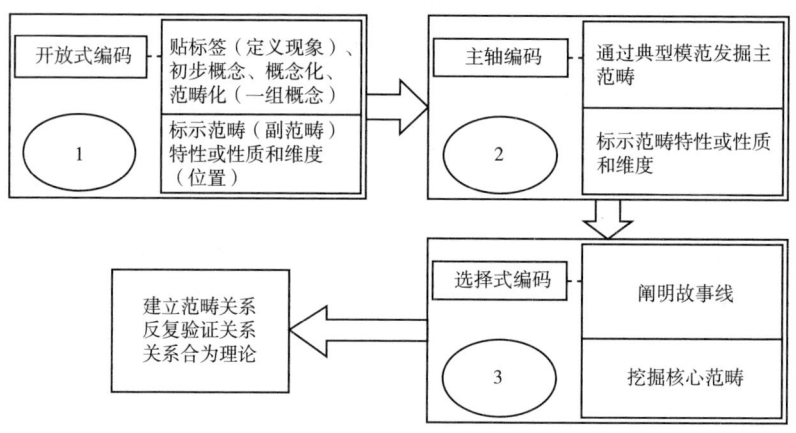

图5-2 资料分析过程（编码过程）

开放式编码（open coding）是一种分解原始数据，并赋予原始数据概念，以新的概念重新组合的过程（见图5-3）。这一阶段的编码要求分析者用开放的心态，"悬置"个人观点，用概念的形式来表达访谈和文献资料，并从现有文档中借用概念，或使用作者自己的方法和语言来命名概念，并逐字深入概念和它们的基本属性中。在分析人员获得一些信息和概念之后，可以根据它们的概念和属性将它们分类到更高的抽象级别。概念和属性范畴并

图5-3 开放式编码程序

不是一次性派生出来的，为了使分析人员找到能够准确反映数据本质的概念和范畴，有必要不断地检查数据、概念和范畴。

主轴或主线编码（axial coding）的目的是澄清概念和它们之间的关系。通过思考和分析概念之间的关系，可以集成更高层次的抽象范畴。因此，主轴解码并不是因为核心范畴中的几个概念需要联系在一起，而是要建立一个全面的理论框架来发展主要范畴。进行主轴式的编码所需要采用的最基本方法之一就是相互关系网。它的编码任务是进一步发现和整合所有形成的概念范畴，进一步发现和建立形成的概念与其他范畴之间的关系，如空间关系、语境关系、功能关系等。在进行主轴式的编码中，每次只对一个类属的概念与其他类属的关系作一次分析，从而发现与其他类属概念的相互关联。通过分析各类概念之间的关系，逐步形成各类概念与其他类概念之间的关系网络。通过选择与所研究问题关系最密切的概念范畴，确定类与子类的关系。

选择式核心编码（selective coding），也称主轴式核心编码，通过核心编码的主要范畴，在许多一般概念关系的发展中也存在许多类型的核心编码。作为核心理论，它具有强大的理论概括能力、抽象应用的高度以及理论概念与故事相关的关联能力，能都集中在一般的理论概括分析范围内。通过选择性译码，故事情节的主线可以提取出一个简洁的故事核心，即主范畴，并使用相关的材料来解释。

主轴编码和选择编码的分析反映了早期的理论形式，但是"理论的扎根"应该使用所有的数据来验证类别和关系。建立理论的过程就是保持数据与理论之间的交互，不断地将现实世界的数据转化为范畴、维度、概念，逐步建立数据与概念之间的网络。根据扎根理论所建立的立体理论网络关系就是研究的基本结论。

利用扎根理论，最后要进行理论饱和度检验。理论饱和度是指不可以获得另外的资料或数据以使理论研究者进一步发展某一个范畴之特征的时刻，它也就是何时应该停止资料收集的重要判定依据。因此，在利用完扎根理论构建完理论体系后，要对理论架构进行饱和检验，检验的一个关键点在于建构的理论是否得到完善，这个关键点也就是理论饱和点。在未达到饱和的情况下，需要返回资料收集阶段重新循环研究过程，最终以达到饱和的资料收集来验证，增加结论的理论说服力和结论的科学性。

三、评价指标构建原则

构建指标体系应该保证指标体系的科学化和规范化，因此应遵循以下原则：

1. 系统性原则。系统性原则要求电力需求侧信息质量评价指标体系要注重各指标之间紧密的逻辑关系，不仅能对电力需求侧信息质量进行整体的评价，而且还要反映各指标之间的内在联系。由于电力需求侧信息的内容涉及范围较广，而评价指标体系的系统性原则要求各指标之间相互独立，又彼此联系，这就要求电力需求侧信息质量评价指标既要各有侧重，又能具有一定的层次性，相互配合和补充，形成一个不可分割的评价体系，使电力需求侧信息质量评价指标体系能系统地反映不同区域、不同环境和发展情况下的电力需求侧信息质量评价的实际情况。

2. 典型性原则。典型性原则要求务必确保各指标具有一定的代表性，每个指标尽可能准确地反映出特定环境与区域，以及特定情况下的综合特征，要保证即使减少指标，信息评价结果也要具有一定的可靠性。另外，电力需求侧信息质量评价指标体系、各指标权重分配，都要充分考虑到电力需求侧信息的动态特点，都应该与自然和社会经济条件相适应。

3. 简明科学性原则。电力需求侧信息质量评价指标必须满足电力需求侧管理的经济、社会发展客观真实状况。所构建的评价指标体系是否科学，主要体现在电力需求侧信息质量评价方法是否合理，是否通过理论与实际相融合的方法进行评价。电力需求侧信息质量的评价要有科学的理论依据，并且能够反映出目前的客观实际情况。而简明性原则在于电力需求侧信息质量内容和表达的简洁。不能过多，以避免体系冗长，但又不能过少，以避免指标信息遗漏，因此，电力需求侧信息质量评价指标体系要能科学、客观、简明地阐明指标含义和评价标准，保证电力需求侧信息质量评价结果的真实性和科学性。

4. 可操作性原则。可操作性原则要求在指标选择上，特别要注意考虑指标数据是否易于收集、操作和利用。目前现有的电力需求侧信息质量评价指标体系大多缺乏可操作性，实际过程中较难完全实现有效评价。另外，需要注意指标的一致性，也就是指标选取的计算量度的标准要保持一致。各指标还应该具有很强的可操作性和可比性。因此，在评价电力需求侧信息质量时，尽量选择能够反映电力需求侧信息质量的综合性指标。为了便于计算分析，也要考虑指标能否进行定量处理。

第二节　基于扎根理论构建电力需求侧信息质量评价指标

一、数据来源

电力需求侧信息质量研究不仅要考虑用户，还要考虑现行的社会环境和经济发展态势，也就是要关注文字材料的社会互动性，充分表明所收集的文本素材是能够全面反映电力需求侧信息质量的客观素材。

现已发表的论文文献基本上是对已有原始材料的二次加工，为保障扎根理论研究过程的有效性，更好地忠于原始资料，在切合研究主题和情景的基础上，本书的研究样本的材料除了研究型论文文献，还包括网络新闻、国家电力官网及报纸新闻等客观数据，具体包括《中国重要报纸全文数据库》（中国知网）、知乎评论、国家电网、国际电力网及新浪微博等部分评论。

首先，以"电力需求侧管理""电力需求侧信息质量""电力需求侧响应""电力/电网信息质量""电力负荷"为关键词对上述资源库进行检索，共获取时限为2013年之后的168份质性材料；其次，对获取的材料进行初步阅读筛选，筛选标准为用户或专业人士对电力需求侧信息质量的评价，该评价最能反映电力需求侧信息的影响程度。最终得到相关质性资料114份，其中包括15篇研究型论文、9篇报刊报道、18篇电网专家会议发言、22篇官网报道、38条专家评论、12条知乎评论。

另外，邀请电网公司、高校、研究院所专家，以及企业用户、居民用户、第三方能源服务公司代表共15位专家，就电力需求侧信息质量评价的指标体系进行深度访谈，形成访谈记录90余份，删除矛盾或表达不清的问卷8份，形成有效访谈记录82份。综合两个方面材料的搜集，形成了电力需求侧信息质量评价指标扎根分析的数据资料基础。

二、开放性编码

开放性编码即将原始资料中的句子、片段等进行切割,对原始资料数据进行逐行编码,并按照不同类别重新组合。过程中采用原始语句提炼出初始概念,以来保证概念客观性。在根据质性分析软件 NVivo11 排除简单和模糊描述,并预留 10 份材料用作理论饱和检验后,初步得到 105 个自由节点(a1~a105)。通过语句出现频次筛选,经过笔者组织研究小组讨论比较分析,最终形成 34 个范畴(A1~A34),具体编码结果如表 5-1 所示。

表 5-1　　　　　　　　开放性编码结果

范畴	初始概念
A1 日负荷数据	a1 社会事件,a2 节假日,a3 工作日
A2 地理环境信息	a4 地理位置,a5 地区差异,a6 地形差异
A3 气象因素信息	a7 温度,a8 降雨量,a9 季节变化,a10 天气
A4 经济发展水平数据	a11 城市化水平,a12 工业化水平,a13 人口资源,a14 经济状况
A5 电价信息	a15 电价改革,a16 分时电价,a17 峰谷电价
A6 电力预测偏差率	a18 负荷预测方法,a19 数据挖掘分析技术,a20 预测模型
A7 生产负荷信息	a21 生产计划,a22 生产规律,a23 持续稳定用电
A8 大用电户可追溯性	a24 大工业用户用电,a25 大功率机械用电,a26 大用户设备运行状态,a27 高耗能用户,a28 小水电管理
A9 数据来源可靠性	a29 原始数据,a30 数据可用率
A10 电量采集信息	a31 电能采集,a32 终端电力效率
A11 实时监测偏差率	a33 异常用电,a34 窃电监测,a35 计量装置运行监测,a36 配变监测,a37 电网质量监测,a38 能效测评
A12 用户信息真实性	a39 生活规律性,a40 用电习惯,a41 消费行为,a42 用电模式
A13 保密性	a43 用户信息采集安全,a44 用户隐私
A14 用户响应及时性	a45 风险感知,a46 电费预算,a47 用电调整
A15 用户服务交互性	a48 用户保修情况,a49 用户投诉,a50 留言回复,a51 网上国网 app
A16 用电安全性	a52 安全防护技术,a53 安全管理
A17 装置运行工况	a54 线损、变损,电能损耗,a55 设备老化情况,a56 电网通信设备
A18 能耗信息	a57 设备利用率,a58 能源信息

续表

范畴	初始概念
A19 节能设备有效性	a59 环保家电，a60 节能变频器，a61 蓄能设备
A20 节能技术可用性	a62 可再生能源，a63 电能替代
A21 节能推广普遍性	a64 节能灯推广，a65 宣传力度
A22 智能电网系统性	a66 自动采集系统，a67 终端采集系统，a68 自动抄表
A23 负荷管理稳定性	a69 电压控制系统，a70 无功补偿系统
A24 使用便捷性	a71 基础数据收集，a72 输变电设备台账
A25 系统升级率	a73 内部更新，a74 服务系统升级，a75 工作规程更新
A26 数据库维护频率	a76 安全运行，a77 底层维护，a78 oracle 数据库
A27 管理制度合理性	a79 归口管理，a80 合同管理，a81 监督机制，a82 节日关怀
A28 管理人员专业性	a83 管理人才，a84 专业人才，a85 员工专业素养
A29 人员考核制度	a86 技能鉴定，a87 电力仿真培训，a88 奖罚制度，a89 班组绩效考核
A30 全面性	a90 行业政策，a91 技术标准，a92 科技规划
A31 动向准确性	a93 电力缺口，a94 消费结构，a95 电力市场发展
A32 解读正确性	a96 电力改革简析，a97 指导方针，a98 限制性措施
A33 开工文件情况	a99 新建项目，a100 年度发展报告，a101 企业信用评价
A34 资金信息	a102 银企直连，a103 预算管理，a104 专项投资，a105 经济核算

三、主轴编码

主轴编码是在开放性编码形成的基础上，厘清各个范畴的内在联系。通过归类分析，对与范畴产生重要联系的数据进行编码，形成逻辑关系。本书根据电力需求侧信息的特点，充分考虑应用场景，通过反复梳理与提炼，并通过 NVivo 群组功能进行反复归纳聚类，最终形成 10 个主范畴（B1～B10），包括环境信息质量、负荷预测信息质量、实时运行信息质量、用户信息质量、基建信息质量、能效信息质量、系统信息质量、组织信息质量、政策信息质量、新建规划信息质量。将 10 个主范畴纳入负荷信息质量、监测信息质量、管理信息质量和政府规划信息质量 4 个维度中，如表 5-2 所示。

表 5-2 主轴编码结果

维度	主范畴	范畴	范畴内涵
负荷信息质量	B1 环境信息质量	A1 日负荷数据	日负荷类型分为工作日、休息日、节假日，存在明显周期性
		A2 地理环境信息	各省份差异化、复杂化发展，用电情况层次高低不一，所辖地区的地理环境信息是否有记录
		A3 气象因素信息	天气影响电力的需求和发送，考虑气象因素可改进负荷预测精度，所辖地区的气象因素是否记录完善
		A4 经济发展水平数据	GDP、产业结构等经济发展数据是电力负荷预测的参考依据，负荷曲线在一定程度上也反映着经济的发展状况
		A5 电价灵活性数据	灵活性的电价调整促使着用户改变用电结构，如错峰电价、分时电价
	B2 负荷预测信息质量	A6 电力预测偏差率	电力系统负荷预测准确与否关乎电力系统运行的稳定性、安全性
		A7 生产负荷信息	企业生产工艺和计划门类众多，生产规律各不相同
		A8 大用电户可追溯性	大用户电力负荷变化剧烈，随机性强，可以反映历史经验和处理能力
监控信息质量	B3 实时运行信息质量	A9 数据来源可靠性	真实可靠的数据内容才有分析的价值，采集的数据来源必须真实可靠
		A10 电量采集信息	电能量采集信息包括数据采集、用电分析、电费的自动结算、考核优化等
		A11 实时监测偏差率	在实时动态监控数据中挖掘有效信息、利用分析水平，影响着电力企业的精益化水平
	B4 用户信息质量	A12 真实性	居民、企业所在地址、居民负荷、工业负荷类型不同，对负荷的影响程度不同
		A13 保密性	用电信息被窃取、错误数据造成的数据突变会导致数据质量不高和用户利益损失
		A14 用户响应及时性	电力用户用电量跟电价、地域、气温、生活模式和用户的心理都有直接的关系
		A15 用户服务交互性	为用户提供业务支撑和服务，为智能用电工作提供数据基础，服务于电力用户的信息化系统

续表

维度	主范畴	范畴	范畴内涵
监控信息质量	B5 基建信息质量	A16 用电安全性	主要包括用户用电不平衡度、电压闪变等问题的电网安全运行
		A17 装置运行工况	装置问题会导致电能经济损失，实时监测有利于用户高效经济的用电
		A18 能耗信息	用电设备能耗信息、设备节能潜力大小的分析可以提高终端用电率，进行科学能效管理
	B6 能效信息质量	A19 节能设备有效性	先进、高效的节电设备，从提高用户侧用电效率出发，实现更少的电力消耗、更有效的电能使用和更少的排放
		A20 节能技术可用性	风电、太阳能为代表的可再生能源的发展，是否可以替代煤炭、石油等能源，减少污染
		A21 节能推广普遍性	节能环保宣传力度，影响用户的节能环保意识和用户不断追求降耗、高效的用电行为
管理信息质量	B7 系统信息质量	A22 智能电网系统性	智能电网是为实现电网运行的可靠、安全、经济、高效和环境友好，将电网与信息化深度融合而成的
		A23 负荷管理稳定性	充分利用现代遥控遥测等技术装备，深入负荷管理，是电力需求侧管理现代化和精细化的必由之路
		A24 使用便捷性	主要体现在系统使用操作简便、反应的灵活和精准等方面
		A25 系统升级率	系统需及时升级，系统100%的更新率能保证系统的兼容性和正常运行
		A26 数据库维护频率	系统定期维护可以改进系统功能和解决系统在运行期间发生的问题
	B8 组织信息质量	A27 管理制度合理性	具体包括管理制度的科学性、合理性、可操作影响系统、单位的管理效率
		A28 管理人员专业性	电力需求侧管理管理、技术研发团队，电力需求侧管理需求的专业队伍，关系着需求管理的科学性
		A29 人员考核制度	组织管理要以客观公正为原则，实行多层次、多渠道、全方位、制度化的考核制度

续表

维度	主范畴	范畴	范畴内涵
政府规划信息质量	B9 政策信息质量	A30 全面性	宏观购电政策是确保市民、重点企业、城市生产生活正常有序进行的导向
		A31 相关性	宏观政策包括电力管理的不同方面
		A32 动向准确性	政策往往反映行业动向,电力信息库所收录的政策可以给企业用户提供方向上的指引
		A33 解读正确性	做好电力政策解读有助于用户、企业更好的理解国家政策,有助于国家政策的落实
	B10 新建规划信息质量	A34 开工文件情况	具体包括新建工厂、新建项目的验收和审核
		A35 资金信息	企业项目招商引资、资金落实是企业持续开展项目的关键环节

四、选择性编码

选择性编码则是在形成主范畴的基础上进一步梳理范畴之间的关系,整体、系统地对核心范畴与其他范畴之间的关联关系进行描绘。通过提炼,围绕"电力需求侧信息"这一核心范畴,各主范畴的典型关系如表 5-3 所示。

表 5-3　　　　主范畴的典型关系结构

典型关系	关系结构	内涵
环境信息质量→电力需求侧信息质量	因果关系	电力负荷预测对天气、温度和季节等具有敏感性,不同的温度、天气、季节等因素都会对用电负荷造成明显影响,甚至轻微的天气和温度变化都会导致电力负荷预测数据的波动
负荷预测信息质量→电力需求侧信息质量	因果关系	企业的生产计划明显影响电力负荷,及时准确的大用户负荷预测是优化供、配电结构,提高电网效益,减小电力负荷变化对电网造成破坏性冲击
实时运行信息质量→电力需求侧信息质量	因果关系	对电网运行、用电量、实时数据和居民用电等信息,有助于为需求侧电网的精益化计量和精益化管理提供全面的技术解决方案

续表

典型关系	关系结构	内涵
用户信息质量→电力需求侧信息质量	因果关系	用电客户的电力数据是电力需求侧进行有效管理的基础，应收集所有用户的信息，用户信息质量对管理质量有重要影响
基建信息质量→电力需求侧信息质量	因果关系	根据电网线路的理论线损、变损率，与需求侧终端设备上送的电能电压、负荷电流等数据计算出的线路实际线损、变损率进行对比，就可以计算实际线损进行变损统计
能效信息质量→电力需求侧信息质量	中介关系	节能管理，通过更新用电设备和研发、利用可再生能源技术和电力设备，提高对现有能源的利用效率和用户的节电意识，对家庭和社会损耗量产生间接的影响
系统信息质量→电力需求侧信息质量	中介关系	电力需求侧专业信息化管理与应用系统，合理配置电力资源，同时减少电力需求，缓解环境压力，实现节能减耗，在保证电网安全的前提下，实现经济运行
组织信息质量→电力需求侧信息质量	中介关系	电力企业的制度设置科学，管理人员的专业与否，工作分工是否合理，都会影响电力需求侧管理进程，对电力企业的组织管理进行优化，构建现代化、合理化的组织管理模式，有利于企业形成统一协调的整体
政策信息质量→电力需求侧信息质量	中介关系	实施需求侧管理系统，实现发电厂建设、电网建设、电网运行短期和中长期规划，提高了线路的质量水平，确保了群众安全用电水平，间接关系着需求侧管理的稳定性
新建规划信息质量→电力需求侧信息质量	中介关系	电力需求侧管理需要高质量的专业技术，涉及领域广泛。它不仅需要专业的设备和技术，还需要大量的人才和投资。从目前的情况来看，电力市场环境缺少长效、稳定的政策支持使电力需求侧管理工作、大规模需求响应业务的实施仍然举步维艰，无论是企业还是政府机构都需要扩大专业团队来满足管理需求，同时设置专项管理资金

五、指标体系构建

相比其他量化研究方法而言，扎根理论的研究方法更重视资料丰富性以及样本的代表性。通过对预留 10 份资料进行编码，编码的标签能全部列入上述的编码概念中，并且没有发现新的范畴、新的关联，满足理论饱和原则,至此,认为理论饱和度验证通过。

电力需求侧管理目的是降低能源消耗和负荷,减少电厂的空气污染,保持能源服务水平,实现经济效益和社会效益。所以了解哪些因素影响电力需求侧信息质量至关重要。本书通过编码形成的故事线指出,影响电力需求侧信息质量的有环境信息质量、负荷预测信息质量、实时运行信息质量、用户信息质量、基建信息质量、能效信息质量、系统信息质量、组织信息质量、政策信息质量、新建规划信息质量10个主范畴。基于此,构建影响因素间的关系结构模型如图5-4所示。

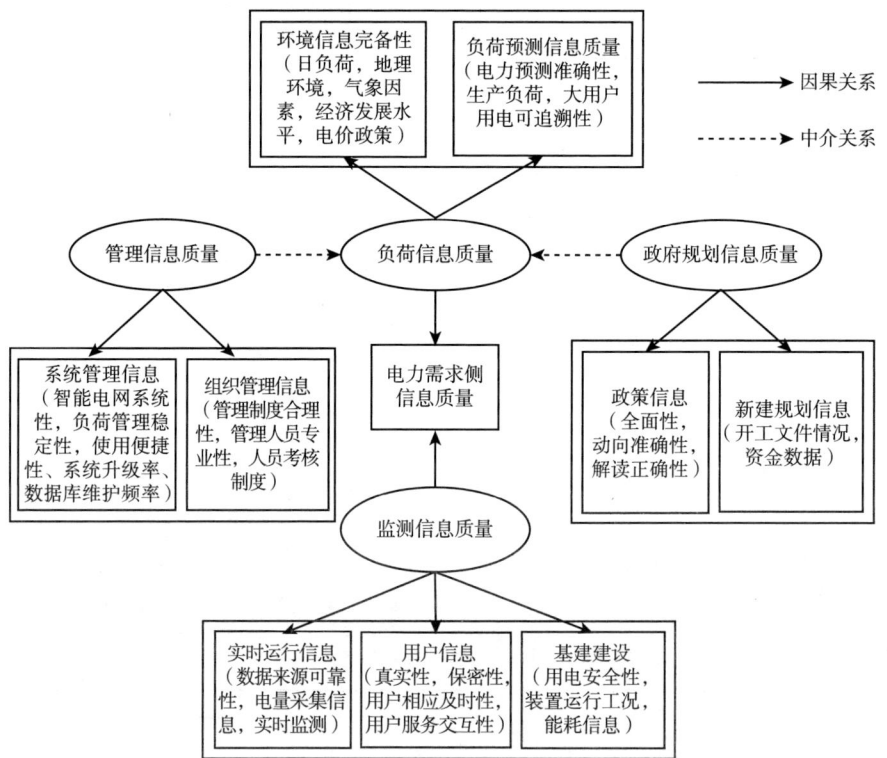

图5-4 电力需求侧信息质量影响因素关系结构模型

在电力需求侧信息质量影响因素模型中,显示通过扎根理论研究的10个主范畴,其中包含5个因果关系和5个中介关系,形成负荷信息质量、监测信息质量、管理信息质量、政府规划信息质量4个维度。这4个维度对于电力需求侧信息质量的影响机制各有特点。具体如下：

1. 负荷信息质量。负荷控制由环境因素和负荷预测两个主范畴构成，是电力需求侧管理中不可或缺的纽带。负荷管理要求供电部门做好用电管理，利用科学的负荷预测提高用电效率，降低用电成本。因此，从电力需求侧管理实践的角度，为了提高电网运行效率，首先，提高电力负荷控制的准确性。负荷预测是实现负荷管理的前提，在考虑自然因素的情况下，根据需求侧采集终端上送的负荷曲线、电能量曲线等信息进行负荷预测。其次，采用多种负荷预测模型对实际电网运行情况进行比对和诊断，根据比对结果对负荷预测进行调整，使购电和售电更具科学性和准确性。最后，电力负荷预测方法的研究和选择，不仅关乎电力系统运行的稳定性、安全性，也关系到电力需求侧管理的科学性，所以在电力需求侧管理应用中发挥着越来越重要的作用。

2. 监测信息质量。电力需求侧信息管理离不开监测技术的支持作用。监测信息维度包括三个主范畴，即实时运行、用户、基建三部分信息质量。显然，在电力需求侧管理过程中，对各方面信息进行监测的最终目的是通过监控技术及时监测到异常用电、故障用电等情况，从而进行处理，有效减少用户损失。但在电力需求侧管理过程中，一直不够重视需求侧电网电能质量，电压闪变、供电不平衡等问题往往影响着用户用电，甚至对电网安全运行造成威胁。所以监测信息科学与否直接影响电力需求侧相关决策的正确与否，这就要求电力需求侧管理技术人员充分捕捉线路的数据信息，通过对比掌握用户线损、变损率，了解电网运行是否经济、电网结构和布局是否合理，并且能对不满足要求的企业用户提出技术改造等方面的建议和要求。

3. 管理信息质量。管理维度包括系统管理和组织管理两个主范畴，均能通过对负荷产生影响，间接影响电力需求侧的信息质量。一方面，通过各信息系统管理，提高电力信息的采集效率和效果，不仅降低成本，而且提高了数据真实性。虽然智能电网等管理系统的应用有利于缓解需求侧和供给侧信息不对称的问题，但随着电力智能系统的不断开放，也面临着电力需求侧用户信息被泄露或篡改的风险。例如，我国有些地区发生的大规模智能电表窃电事件，供电公司被窃取4000多千瓦时电，不仅造成公司严重损失，也影响了周边居民用电。另一方面，企业的组织管理模式也在一定程度上影响了电力需求侧信息质量。电网及其运营企业的发展模式随着互联网的发展、云计算和大数据技术的运用也在逐步发生改变。电网企业制度越超前、越能融入市场环境、越能满足用户需求，企业员工越专业、越有远见，也就越能创造卓越的绩效。

4. 政府规划。电力需求侧科学管理离不开政府和企业的共同发力。一个良性的电网环境，加上科学的电站规划布局，可以实现电站建设成本与电价的相对稳定。因此，要将电力需求侧管理作为能源规划的重要组成部分，建立更高层次的需求侧电网规划，以及发电厂、电网等建设的短期和中长期规划。这些规划不仅有利于合理配置电力资源，还可以作为将来市政建设的依据，避免盲目规划，造成不必要的浪费。同时，企业的建设规划影响着电力企业的工作安排，企业新建项目配置变电所需要电力工程监理，建设初期，各个环节的审核文件是否齐全，以及企业在新建项目中的资金是否落实到位，是否存在招商引资，政府是否进行专项资金补贴，这些都关系着企业用电是否持续而稳定，都是电力企业需要了解并收集的信息。

根据上述研究，具体电力需求侧信息质量评价指标的确定及解释如表5-4所示。

表5-4　　　　　电力需求侧信息质量影响变量测量指标设计

一级指标	二级指标	三级指标	解释
负荷信息质量	外部环境信息质量	日负荷数据	是否记录日负荷数据，是否存在明显周期性
		地理环境信息	所辖地区的地理环境信息是否有记录
		气象信息	所辖地区的气象因素是否记录完善
		经济发展数据	GDP、产业结构等经济发展数据及其数据记录是否完善
		电价灵活性信息	记录的电价数据是否具有一定的灵活性，是否记录峰谷电价、实时电价等。
	负荷预测信息质量	电力预测偏差率	电力系统负荷预测是否能反映电力负荷趋势
		生产负荷信息	是否记录企业生产工艺和计划门类和生产规律等数据
		大用电户可追溯性	大用电用户记录的数据是否能反映历史经验和处理能力

续表

一级指标	二级指标	三级指标	解释
监控信息质量	实时运行信息质量	数据来源可靠性	采集的数据来源是否可靠，数据是否可用
		电量采集信息	采集的数据是否全面和精准
		实时监测偏差率	运行信息记录是否是实时监测和反馈
	用户信息质量	真实性	居民、企业所在地址、工作类型等用户信息是否真实
		保密性	用户数据是否安全，是否存在用户信息泄露事件
		用户响应及时性	用户响应和信息反馈是否及时
		用户服务交互性	用户投诉是否有反馈，用户对业务支撑和服务能力是否满意
	基建信息质量	用电安全性	基建设备是否能保证安全运行和安全用电
		装置运行工况	是否记录装置运行工况及其数据是否完善
		能耗信息	是否记录能耗信息及其数据是否完善
	能效信息质量	节能设备有效性	节电设备是否能减少电力消耗和电能排放
		节能技术可用性	可再生能源是否有用，是否可以替代煤炭、石油等能源
		节能推广普遍性	节能环保宣传力度是否足以影响用户的节能意识和用电行为
管理信息质量	系统信息质量	智能电网系统性	电网是否与信息化深度融合，智能电网是否系统完整
		系统稳定性	负荷管理是否稳定，是否满足电力需求侧精细化管理的要求
		使用便捷性	系统使用是否便捷，检索途径是否多样
		系统升级率	系统软件应为当前最新版本，是否达标
		数据库维护频率	系统是否进行日常维护，维护频率是否满足系统运行要求
	组织信息质量	管理制度合理性	电力需求侧信息管理制度制定是否符合管理要求
		管理人员专业性	电力需求侧信息管理人员是否能处理专业化工作
		人员考核制度	有无公平、科学的管理人员考核制度

续表

一级指标	二级指标	三级指标	解释
政府规划信息质量	政策信息质量	全面性	政策收录是否涉及电力管理的方方面面
		相关性	收录的政策与电网规划是否相关,是否有不相关的政策信息
		动向准确性	收录的政策与电力发展动向是否一致和准确
		解读正确性	电力政策解读是否正确、易理解
	新建规划信息质量	开工文件情况	企业新建项目的审核评审意见是否收录,是否有开工报告
		资金信息	企业项目资金落实、招商引资信息是否掌握

第三节 基于层次可拓理论的电力需求侧信息质量评价与实证

一、指标权重的确定

基于AHP层次分析法的指标层次结构

层次分析法（Analytic Hierarchy Process，AHP）是一种定性与定量分析相结合的系统分析方法，最先于20世纪70年代由美国教授萨第（T. L. Saaty）提出。这种方式决策者通过将复杂问题分成若干层次，也就是将与决策相关的元素细化成目标、准则、方案等层次，再确立指标，通过指标之间的两两比较，确定每个层次中各指标相对重要性，层次分析法基本步骤如图5-5所示。本书依据层次分析法，对电力需求侧信息质量的评价指

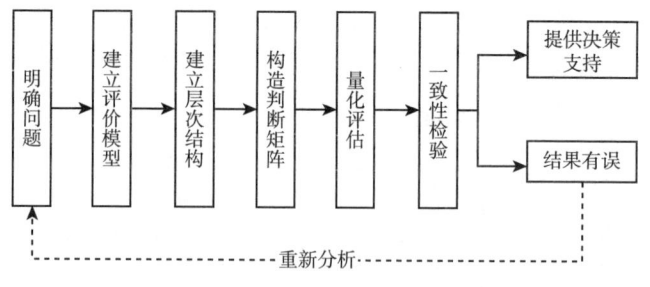

图5-5 层次分析法流程

标进行量化分析，得出各个评价指标间的权重关系。

运用 AHP 原理，将电力需求侧信息质量评价指标体系，按相互间的关系，可构建出电力需求侧信息质量评价指标假设模型。本书将整个评价体系分为四层，最高层为目标层 G，即电力需求侧信息质量评价，该层表示应用 AHP 所要解决的目的是评价电力需求侧信息质量；中间两层为准则层；最底层为方案层，共 34 个指标。具体层次结构模型如图 5-6 所示。

二、构造判断矩阵

假设模型合理性需要进一步验证，由于电力行业的专业性，本书以电力行业工作者、相关专业老师以及图情专业研究生为主要调查对象，编制调查问卷，进行调查。

此调查问卷的目的在于确定电力需求侧信息质量各影响因素之间相对权重。利用 Yaahp 软件，采用 1~9 级标度法，即调查问卷根据层次分析法（AHP）的形式设计，如表 5-5 所示。这种方法是在同一个层次对影响因素重要性进行两两比较，衡量尺度划分为 9 个等级，其中 9、7、5、3、1 的数值分别对应绝对重要、十分重要、比较重要、稍微重要、同样重要，8、6、4、2 表示重要程度介于相邻的两个等级之间。

表 5-5　　　　　　　"1~9 度标分法"的标度及说明

标度	说明
1	两指标同样重要
3	两指标相比，一个指标比另一个指标稍微重要
5	两指标相比，一个指标比另一个指标明显重要
7	两指标相比，一个指标比另一个指标非常重要
9	两指标相比，一个指标比另一个指标极其重要
2、4、6、8	上述两两标准间的折中重要度

按照标度表构成判断矩阵，如表 5-6 所示。例如，B_1/B_2 表示指标 B_1 相对于指标 B_2 的重要等级，如果前者比后者重要，则根据填写说明按 1~9

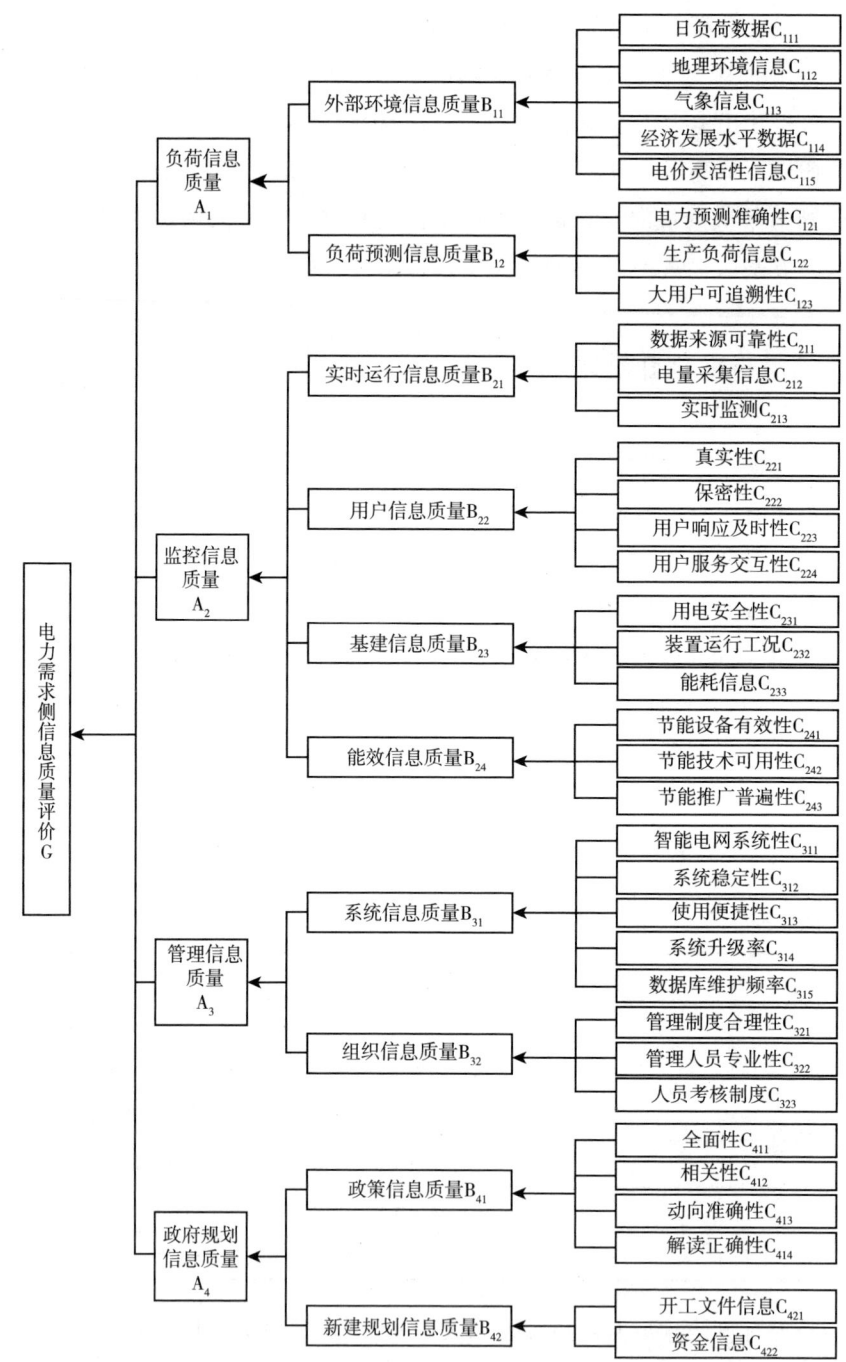

图 5-6 电力需求侧信息质量评价层次结构模型

级填写重要程度,如果后者比前者重要,则填写倒数即可。

表 5-6　　　　　　　　　　判断矩阵模型

A	B_1	B_2	…	B_n
B_1	1	B_1/B_2	…	B_1/B_n
B_2	B_2/B_1	1	…	B_2/B_n
…	…	…	…	…
B_n	B_n/B_1	B_n/B_2	…	1

在得到各层次指标判断矩阵后,用 Yaahp 软件计算判断矩阵的最大特征根 $\lambda\max\left(\lambda\max = \frac{1}{n}\sum_{i=1}^{n}\frac{(BW)_i}{W_i}\right)$,以及对对应的特征向量 w_i,即各指标权重。在求得各指标权重后,需要检查判断矩阵的一致性。例如,现有 A、B、C 三个指标进行比较,如果 A 比 B 重要、B 比 C 重要,那么 A 一定比 C 重要,即可传递性。如果出现 C 比 A 重要的情况,则内部不一致,需要重新调整数据。一致性判断的原理利用 AHP 法中的一致性指标 $CI\left(CI = \frac{\lambda\max - n}{n-1}\right)$ 和随机一致性比率 $CR\left(CR = \frac{CI}{RI}\right)$。其中,n 表示判断矩阵的阶数,当 $\lambda\max = n$ 时,$CI = 0$,这时,n 阶判断矩阵具有完全一致性。CI 的值越大,说明矩阵一致性越差。RI 是平均随机一致性指标,取值如表 5-7 所示。CR 为检验系数,为 $CR < 0.1$ 时,说明判断矩阵具有较好一致性,否则,说明判断矩阵的一致性不好,就需要对矩阵各项重新赋值,直到通过一致性检验。

表 5-7　　　　　　　　随机一致性指标 RI 取值参考

阶数	1	2	3	4	5	6	7	8	9	10	11	12	…
RI	0	0	0.52	0.89	1.12	1.26	1.36	1.41	1.46	1.49	1.52	1.54	…

三、确定指标体系权重

(一) 一级指标权重设定及一致性检验

各一级指标 A 相对于总目标 G 的判断矩阵和权重计算如表 5-8 所示。

表 5-8　　　　　　　　一级指标判断矩阵

G	A_1	A_2	A_3	A_4	w_i	λ_{max}	CI	RI	CR
A_1	1	3	7	7	0.5556	4.2343	0.0781	0.89	0.0878 < 0.10
A_2	1/3	1	5	1/3	0.3000				
A_3	1/7	1/5	1	3	0.0940				
A_4	1/7	1/7	1/3	1	0.0504				

由表 5-8 可知，一级指标判断矩阵的 CR < 0.1，因此判断矩阵 G-A 有较好的一致性，可以接受判断矩阵和权重赋值的结果。

(二) 二级指标权重设定及一致性检验

各二级指标 B 相对于一级维度 A 的判断矩阵和权重计算，如表 5-9 ~ 表 5-12 所示，皆通过了一致性检验。

表 5-9　　　　负荷信息质量为准则的判断矩阵和权重分配

A_1	B_{11}	B_{12}	w_i	λ_{max}	CI	RI	CR
B_{11}	1	1/3	0.2500	2.0000	0	0	0 < 0.10
B_{12}	3	1	0.7500				

表 5-10　　　监控信息质量为准则的判断矩阵和权重分配

A_2	B_{21}	B_{22}	B_{23}	B_{24}	w_i	λ_{max}	CI	RI	CR
B_{21}	1	5	3	7	0.5628	4.0687	0.0229	0.89	0.0257 < 0.10
B_{22}	1/5	1	1/3	2	0.1079				
B_{23}	1/3	3	1	5	0.2671				
B_{24}	1/7	1/2	1/5	1	0.0622				

表 5-11　　　管理信息质量为准则的判断矩阵和权重分配

A_3	B_{31}	B_{32}	w_i	λ_{max}	CI	RI	CR
B_{31}	1	8	0.8889	2.0000	0	0	0 < 0.10
B_{32}	1/8	1	0.1111				

表 5-12　政府规划信息质量为准则的判断矩阵和权重分配

A_4	B_{41}	B_{42}	w_i	λmax	CI	RI	CR
B_{41}	1	1/3	0.2500	2.0000	0	0	0<0.10
B_{42}	3	1	0.7500				

（三）三级指标权重设定及一致性检验

各三级指标 C 相对于二级指标 B 的判断矩阵和权重计算，如表 5-13~表 5-22 所示，皆通过了一致性检验。

表 5-13　外部环境信息质量为准则的判断矩阵和权重分配

B_{11}	C_{111}	C_{112}	C_{113}	C_{114}	C_{115}	w_i	λmax	CI	RI	CR
C_{111}	1	3	1/3	3	2	0.2100	5.3328	0.0831	1.12	0.0743<0.10
C_{112}	1/3	1	1/5	2	1/2	0.0646				
C_{113}	3	5	1	5	5	0.4853				
C_{114}	1/3	3	1/5	1	1/3	0.1002				
C_{115}	1/2	2	1/5	3	1	0.1399				

表 5-14　负荷预测信息质量为准则的判断矩阵和权重分配

B_{12}	C_{121}	C_{122}	C_{123}	w_i	λmax	CI	RI	CR
C_{121}	1	1/3	3	0.2605	3.0387	0.01935	0.52	0.0372<0.10
C_{122}	3	1	5	0.6333				
C_{123}	1/3	1/5	1	0.1062				

表 5-15　实时运行信息质量为准则的判断矩阵和权重分配

B_{21}	C_{211}	C_{212}	C_{213}	w_i	λmax	CI	RI	CR
C_{211}	1	2	1/5	0.1822	3.0542	0.0271	0.52	0.0521<0.10
C_{212}	1/2	1	1/5	0.1149				
C_{213}	5	5	1	0.7028				

表 5-16　用户信息质量为准则的判断矩阵和权重分配

B_{22}	C_{221}	C_{222}	C_{223}	C_{224}	w_i	λmax	CI	RI	CR
C_{221}	1	5	6	6	0.6366	4.1923	0.0641	0.89	0.0720 < 0.10
C_{222}	1/5	1	1/2	2	0.1267				
C_{223}	1/6	2	1	1	0.1404				
C_{224}	1/6	1/2	1	1	0.0963				

表 5-17　基建信息质量为准则的判断矩阵和权重分配

B_{23}	C_{231}	C_{232}	C_{233}	w_i	λmax	CI	RI	CR
C_{231}	1	2	4	0.5321	3.0948	0.0474	0.52	0.0911 < 0.10
C_{232}	1/2	1	5	0.3661				
C_{233}	1/4	1/5	1	0.1018				

表 5-18　能效信息质量为准则的判断矩阵和权重分配

B_{24}	C_{241}	C_{242}	C_{243}	w_i	λmax	CI	RI	CR
C_{241}	1	5	7	0.7235	3.0658	0.0329	0.52	0.0633 < 0.10
C_{242}	1/5	1	3	0.1932				
C_{243}	1/7	1/3	1	0.0833				

表 5-19　系统信息质量为准则的判断矩阵和权重分配

B_{31}	C_{311}	C_{312}	C_{313}	C_{314}	C_{315}	w_i	λmax	CI	RI	CR
C_{311}	1	5	5	7	7	0.5490	5.3915	0.0979	1.12	0.0874 < 0.10
C_{312}	1/5	1	3	3	3	0.1892				
C_{313}	1/5	1/3	1	2	1/3	0.0800				
C_{314}	1/7	1/3	1/2	1	1/3	0.0527				
C_{315}	1/7	1/3	3	3	1	0.1291				

表 5-20　组织信息质量为准则的判断矩阵和权重分配

B_{32}	C_{321}	C_{322}	C_{323}	w_i	λmax	CI	RI	CR
C_{321}	1	1/3	3	0.2605	3.0387	0.0193	0.52	0.0372 < 0.10
C_{322}	3	1	5	0.6333				
C_{323}	1/3	1/5	1	0.1062				

表 5-21 政策信息质量为准则的判断矩阵和权重分配

B_{41}	C_{411}	C_{412}	C_{413}	C_{414}	w_i	$\lambda\max$	CI	RI	CR
C_{411}	1	3	5	3	0.5011	4.2013	0.0671	0.89	0.0754 < 0.10
C_{412}	1/3	1	3	3	0.2630				
C_{413}	1/5	1/3	1	1/3	0.0768				
C_{414}	1/3	1/3	3	1	0.1591				

表 5-22 新建规划信息质量为准则的判断矩阵和权重分配

B_{42}	C_{421}	C_{422}	w_i	$\lambda\max$	CI	RI	CR
C_{421}	1	2	0.6667	2.0000	0	0	0 < 0.10

四、权重计算结果

判断矩阵一致性检验通过后，综合前面的计算，可以得到电力需求侧信息质量评价指标体系中各指标权重，即各准则和方案对于电力需求侧信息质量评价所占的权重值，如表 5-23~表 5-26 所示。

表 5-23 第 1 个中间层中要素对决策目标的排序权重

排序	中间层要素	权重
1	负荷信息质量	0.5556
2	监控信息质量	0.3
3	管理信息质量	0.094
4	政府规划信息质量	0.0504

表 5-24 第 2 个中间层中要素对决策目标的排序权重

排序	中间层要素	权重
1	负荷预测信息质量	0.4167
2	实时运行信息质量	0.1689
3	外部环境信息质量	0.1389
4	系统信息质量	0.0835
5	基建信息质量	0.0801

续表

排序	中间层要素	权重
6	新建规划信息质量	0.0378
7	用户信息质量	0.0324
8	能效信息质量	0.0186
9	政策信息质量	0.0126
10	组织信息质量	0.0104

表 5-25　　方案层中要素对决策目标的排序权重

排序	备选方案	权重
1	生产负荷信息	0.2639
2	实时检测	0.1187
3	电力预测偏差率	0.1085
4	气象因素信息	0.0674
5	智能电网系统性	0.0459
6	大用户用电可追溯性	0.0442
7	用电安全性	0.0426
8	数据来源可靠性	0.0308
9	装置运行工况	0.0293
10	日负荷数据	0.0292
11	开工文件信息	0.0252
12	真实性	0.0206
13	电价灵活性数据	0.0194
14	电量采集信息	0.0194
15	系统稳定性	0.0158
16	经济发展水平数据	0.0139
17	节能设备有效性	0.0135
18	资金信息	0.0126
19	数据库维护频率	0.0108
20	地理环境信息	0.0090
21	能耗信息	0.0082
22	使用便捷性	0.0067
23	管理人员专业性	0.0066

第五章 电力需求侧信息质量的评价

续表

排序	备选方案	权重
24	全面性	0.0063
25	用户响应及时性	0.0045
26	系统升级率	0.0044
27	保密性	0.0041
28	节能技术可用性	0.0036
29	相关性	0.0033
30	用户服务交互性	0.0031
31	管理制度合理性	0.0027
32	解读正确性	0.0020
33	节能推广普遍性	0.0016
34	人员考核制度	0.0011
35	动向准确性	0.0010

表 5-26 电力需求侧信息质量评价体系各指标权重汇总

一级指标	一级指标权重	二级指标	二级指标权重	三级指标	三级指标权重
负荷信息质量	0.5556	外部环境信息质量	0.1389	日负荷数据	0.0292
				地理环境信息	0.0090
				气象信息	0.0674
				经济发展数据	0.0139
				电价灵活性信息	0.0194
		负荷预测信息质量	0.4167	电力预测偏差率	0.1085
				生产负荷信息	0.2639
				大用电户可追溯性	0.0442
监控信息质量	0.3000	实时运行信息质量	0.1689	数据来源可靠性	0.0308
				电量采集信息	0.0194
				实时监测偏差率	0.1187
		用户信息质量	0.0324	真实性	0.0206
				保密性	0.0041
				用户响应及时性	0.0045
				用户服务交互性	0.0031

续表

一级指标	一级指标权重	二级指标	二级指标权重	三级指标	三级指标权重
监控信息质量	0.3000	基建信息质量	0.0801	用电安全性	0.0426
				装置运行工况	0.0293
				能耗信息	0.0082
		能效信息质量	0.0186	节能设备有效性	0.0135
				节能技术可用性	0.0036
				节能推广普遍性	0.0016
管理信息质量	0.0940	系统信息质量	0.0835	智能电网系统性	0.0459
				系统稳定性	0.0158
				使用便捷性	0.0067
				系统升级率	0.0044
				数据库维护频率	0.0108
		组织信息质量	0.0104	管理制度合理性	0.0027
				管理人员专业性	0.0066
				人员考核制度	0.0011
政府规划信息质量	0.0504	政策信息质量	0.0126	全面性	0.0063
				相关性	0.0033
				动向准确性	0.0010
				解读正确性	0.0020
		新建规划信息质量	0.0378	开工文件情况	0.0252
				资金信息	0.0126

五、实证分析

（一）实证概况

1. 基本情况。

笔者了解了NM省（自治区）H市供电公司，对其电力需求侧信息的收集、分析、系统管理、利用机制等进行了调查，主要调研结论如下：

该供电公司供电面积约2万平方公里，负责H市10县1区和1个经济开发区，约 160 万户、480 万人口的用电需求。当前建设有 500 千伏变电站 2 座，220 千伏变电站 13 座，110 千伏变电站 37 座；220 千伏线路 42 条/1222 千米，110 千伏线路 68 条/1274 千米。近年来，经济持续发展，该供电公司供电范围内，电力需求侧电量呈直线上升趋势，近五年都保持较高的年增长率。其中，第一产业用电增长速度较快，第三产业和非居民用电需求也呈现扩大的趋势；家电使用不断普及，使居民用电也有了很大增长。

H 市供电公司在实施需求侧管理工作中，明确了各组织机构职责（见图 5-7）。坚持以市场为导向，以服务为宗旨，以效益为中心来组织电力生产运营活动，保证各方面用电需求。

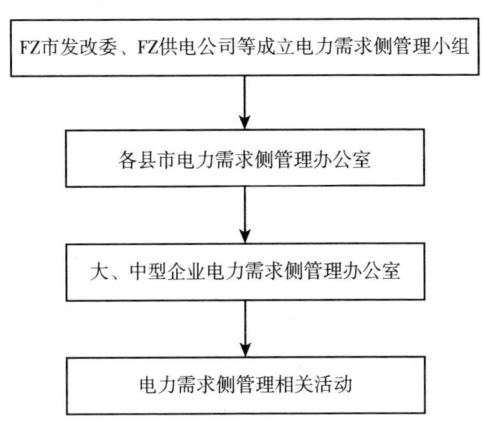

图 5-7 H 市某区电网电力需求侧机构职责流程

该供电公司电力需求侧管理工作主要有以下几个部分：

（1）该供电公司供电区域内的大工业用电历来占总用电的 60% 以上，因此，对大宗工业用户实施电力需求侧管理和负荷管理将带来显著的经济效益和社会效益。

（2）该供电公司强调调节峰段和平段负荷，激励低估用电，重点考察低估时段用电，坚持分级管理和节约用电等方案。

（3）该供电公司和所在市相关单位联合一起进行电力需求侧管理的宣传工作，通过媒体宣传、宣传活动以及规章制度来进行电力需求侧管理项目的宣传。

（4）该供电公司应用负荷控制技术来确保电力系统安全稳定运行，保障社会居民生活基本用电；并通过行政、法规等管理办法，提高电网的负荷率。

（5）该供电公司为确保电网有序供电，提高电网安全、可靠、经济的运行，加强监督管理，优化组织管理，科学合理地对用电指标进行分配和确定，并制定了相应的考核办法。

2. 辖区智慧园区建设情况。

为推进电力需求侧管理，H市实施智慧用电示范园区，以提升利用电力需求侧来管理城市的能力。该园区以"电"带面，以园区为单位深化需求侧管理，并建设虚拟调峰调频电厂，一方面可以提高用电精细化和智能化管理水平；另一方面也能充分挖掘节能潜力，促进资源优化配置和节能减排。

示范园通过"互联网+智慧用能"助力企业降本增效和产业升级。建设内容包括以下几点。

（1）云能量平台建设。

云能量平台侧重需求侧管理，注重数据采集，充分利用互联网大数据技术对数据进行挖掘和分析，为电力需求侧管理提供数据支撑服务。同时该园区用电适配工业、商业、居民、公共用户等多类型用户，面向多部门监管，形成了有效联动管理机制（见图5-8）。

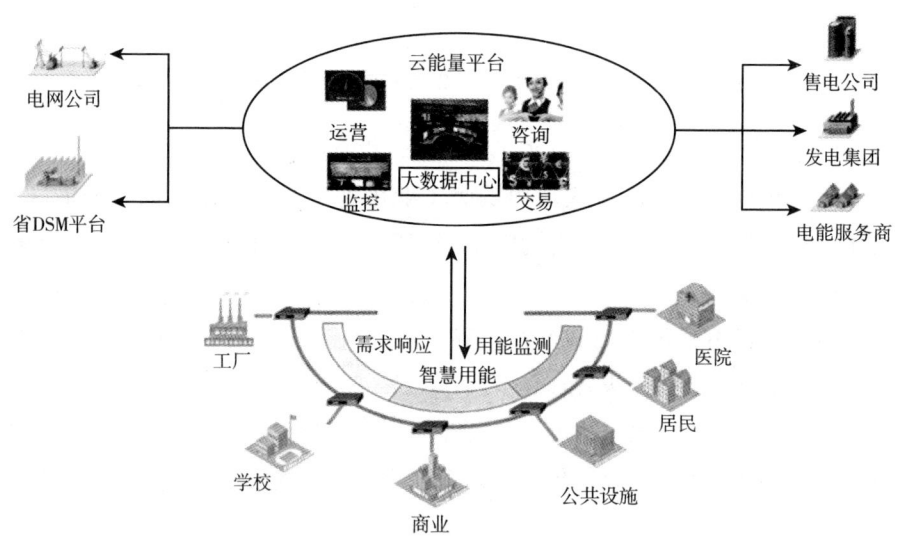

图5-8 云能量平台机制

(2) 虚拟电厂能力建设。

具备 200MW 调峰调频能力的虚拟电厂对园区内发电资源、负荷控制系统和储能系统进行有效整合,提升了资源利用效率,提高了供电可靠性,在适配园区电力需求变化的同时,实现园区运行效率和区内企业经济效益最大化(见图 5-9)。

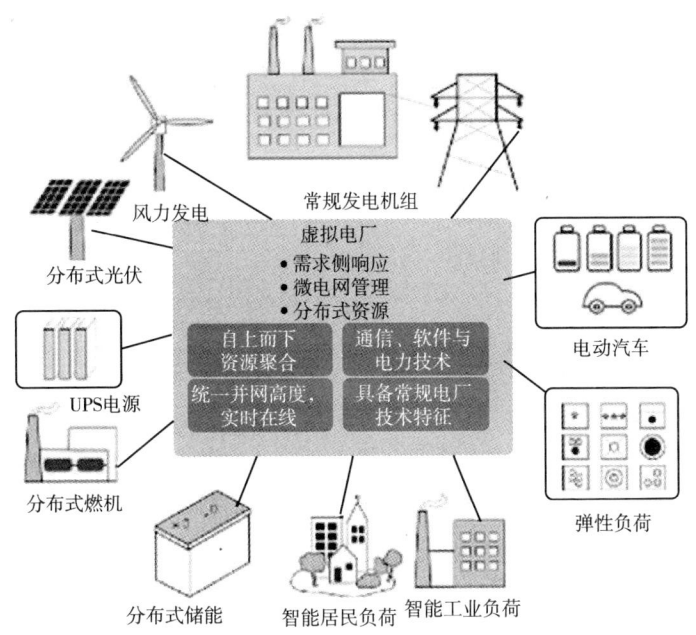

图 5-9 园区虚拟电厂机制

(3) 需求响应机制试点。

积极探索灵活高效的需求响应机制,进行多方面创新尝试,主要包括园区用户侧互动机制、园区资源内部优化机制、园区分布式资源运营机制和多部门联动机制。

(二) 可拓判断矩阵构建

1. 可拓学。

可拓学是一门科学,它使用形式模型来探索事物扩展的可能性,用创新的规则和方法解决质与量之间的矛盾。通俗地说,可拓学研究产生创意的理论和方法,是生产创意的理论依据和方法来源。可拓学的理论支柱是物元理论和可拓集合论,其理论体系如图5-10所示。

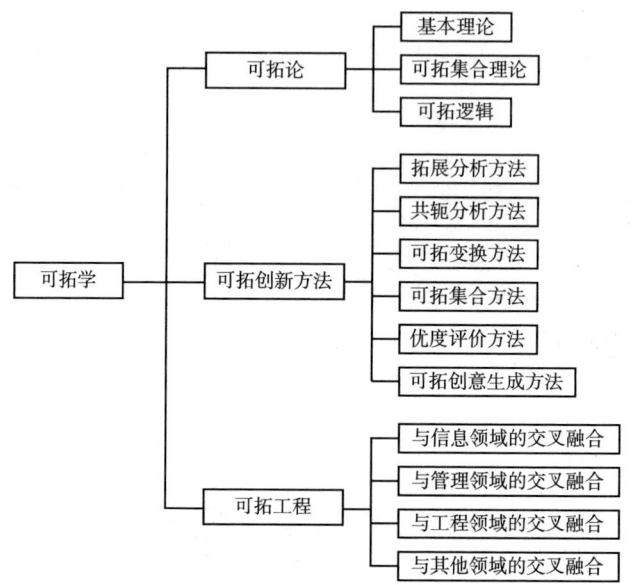

图5-10 可拓学理论体系

可拓综合评价方法是建立在可拓集合基础上的评价方法,通过建立物元模型,将各个评价指标转化为相容的问题,从而得出定性与定量两个方面相结合的结论。

2. 可拓综合评价模型。

在可拓综合评价中,物元以有序的三元组 R = (N, C, V) 来表达。若事物 N 有 n 个特征 $C(c_1, c_2, \cdots c_n)$,待评价的 m 个物元 $R_1 = (N_1, C, V_1)$, $R_2 = (N_2, C, V_2)$, $\cdots$, $R_m = (N_m, C, V_m)$ 具有相同的特征 C,则具有相同特征的物元体 R 可以表示为:

$$R = \begin{bmatrix} N & N_1 & N_2 & \cdots & N_m \\ c_1 & v_{11} & v_{12} & \cdots & v_{1m} \\ c_2 & v_{21} & v_{22} & \cdots & v_{2m} \\ \vdots & \vdots & \vdots & \vdots & \vdots \\ c_n & v_{n1} & v_{n2} & \cdots & v_{nm} \end{bmatrix} \quad (5.1)$$

其中，N_i 为待评价的物元；N 为待评价物元 N_1，N_2，…，N_m 的全体；v_{ij} 为第 j 个待评价物元第 i 特征的量值，i = 1，2，…，n，j = 1，2，…，m。

将被评价对象的特征量值组成一个物元整体后，计算关联度来描述各特征与被评价对象的关系，从而将定性描述扩展为定量描述。

(1) 第 i 个指标数值域属于第 j 个等级的关联度函数为：

$$K_j(x_i) = \begin{cases} \rho(x_i, x_{ji})/[\rho(x_i, x_{pi}) - \rho(x_i, x_{ji})] & x_i \in x_{ji} \\ -\rho(x_i, x_{ji})/|x_{ji}| & x_i \notin x_{ji} \end{cases} \quad (5.2)$$

其中，

$$\rho(x_i, x_{ji}) = \left| x_i - \frac{a_{ji} + b_{ji}}{2} \right| - \frac{1}{2}(b_{ji} - a_{ji}) \quad (5.3)$$

$$\rho(x_i, x_{pi}) = \left| x_i - \frac{a_{pi} + b_{pi}}{2} \right| - \frac{1}{2}(b_{pi} - a_{pi}) \quad (5.4)$$

(2) 待评标的物 P_0 关于等级 j 的关联度为：

$$K_j(P_0) = \sum_{i=1}^{n} w_{ij} K_j(x_i) \quad (5.5)$$

其中，w_{ij} 为其关联函数对应的权重。

最后，评价标的物的评价等级为 $K_j = \max K_j(P_0)$（j = 1，2，…，m），对评价结果进行验证后，说明可拓综合评价结果的相对准确性。

3. H 市智慧园区需求侧管理信息质量评价。

(1) 基础数据。

查阅相关文献资料并结合专家建议，将电力需求侧信息质量从高到低划分为 5 个级别：优秀、良好、一般、差、极差，其分值区间如表 5-27 和表 5-28 所示。

表 5-27　　　　　　　　　定性指标分值区间

定性指标	级别				
	优秀	良好	一般	差	极差
日负荷数据	(90, 100)	(80, 90)	(70, 80)	(60, 70)	(0, 60)
地理环境信息	(90, 100)	(80, 90)	(70, 80)	(60, 70)	(0, 60)
气象信息	(90, 100)	(80, 90)	(70, 80)	(60, 70)	(0, 60)
经济发展数据	(90, 100)	(80, 90)	(70, 80)	(60, 70)	(0, 60)

续表

定性指标	级别				
	优秀	良好	一般	差	极差
电价灵活性信息	(90, 100)	(80, 90)	(70, 80)	(60, 70)	(0, 60)
生产负荷信息	(90, 100)	(80, 90)	(70, 80)	(60, 70)	(0, 60)
大用电户可追溯性	(90, 100)	(80, 90)	(70, 80)	(60, 70)	(0, 60)
数据来源可靠性	(90, 100)	(80, 90)	(70, 80)	(60, 70)	(0, 60)
真实性	(90, 100)	(80, 90)	(70, 80)	(60, 70)	(0, 60)
保密性	(90, 100)	(80, 90)	(70, 80)	(60, 70)	(0, 60)
用户响应及时性	(90, 100)	(80, 90)	(70, 80)	(60, 70)	(0, 60)
用户服务交互性	(90, 100)	(80, 90)	(70, 80)	(60, 70)	(0, 60)
用电安全性	(90, 100)	(80, 90)	(70, 80)	(60, 70)	(0, 60)
装置运行工况	(90, 100)	(80, 90)	(70, 80)	(60, 70)	(0, 60)
能耗信息	(90, 100)	(80, 90)	(70, 80)	(60, 70)	(0, 60)
节能设备有效性	(90, 100)	(80, 90)	(70, 80)	(60, 70)	(0, 60)
节能技术可用性	(90, 100)	(80, 90)	(70, 80)	(60, 70)	(0, 60)
节能推广普遍性	(90, 100)	(80, 90)	(70, 80)	(60, 70)	(0, 60)
智能电网系统性	(90, 100)	(80, 90)	(70, 80)	(60, 70)	(0, 60)
系统稳定性	(90, 100)	(80, 90)	(70, 80)	(60, 70)	(0, 60)
使用便捷性	(90, 100)	(80, 90)	(70, 80)	(60, 70)	(0, 60)
管理制度合理性	(90, 100)	(80, 90)	(70, 80)	(60, 70)	(0, 60)
管理人员专业性	(90, 100)	(80, 90)	(70, 80)	(60, 70)	(0, 60)
人员考核制度	(90, 100)	(80, 90)	(70, 80)	(60, 70)	(0, 60)
全面性	(90, 100)	(80, 90)	(70, 80)	(60, 70)	(0, 60)
相关性	(90, 100)	(80, 90)	(70, 80)	(60, 70)	(0, 60)
动向准确性	(90, 100)	(80, 90)	(70, 80)	(60, 70)	(0, 60)
解读正确性	(90, 100)	(80, 90)	(70, 80)	(60, 70)	(0, 60)
开工文件情况	(90, 100)	(80, 90)	(70, 80)	(60, 70)	(0, 60)
资金信息	(90, 100)	(80, 90)	(70, 80)	(60, 70)	(0, 60)

表 5-28　　　　　　　　　　　定量指标分值区间

定量指标	级别				
	优秀	良好	一般	差	极差
电力预测偏差率	(0, 5%)	(5%, 10%)	(10%, 20%)	(20%, 30%)	(30%, 100%)
电量采集信息	(30%, 100%)	(20%, 30%)	(10%, 20%)	(5%, 10%)	(0, 5%)
实时监测偏差率	(0, 5%)	(5%, 10%)	(10%, 20%)	(20%, 30%)	(30%, 100%)
系统升级率	(30%, 100%)	(20%, 30%)	(10%, 20%)	(5%, 10%)	(0, 5%)
数据库维护率	(30%, 100%)	(20%, 30%)	(10%, 20%)	(5%, 10%)	(0, 5%)

《电力需求侧管理办法》中指出全国电力需求侧管理工作由国家发展改革委负责，县级以上人民政府经济运行主管部门负责本行政区域内的电力需求侧管理工作。电力需求侧信息质量评价考核由相关部门在各自职责范围内开展和实施。其主要选择政府相关部门负责人、电网企业代表、电能服务公司负责人、电网建设工程师作为考评小组，在熟悉了本书构建的指标体系、指标内涵以及评价标准后，对定性指标进行判断打分并对定量指标进行计算。各指标平均得分如表 5-29 所示。

表 5-29　　　　　　　　　　　指标得分

三级指标	变量	平均得分
日负荷数据	C_{111}	88
地理环境信息	C_{112}	76
气象信息	C_{113}	92
经济发展数据	C_{114}	86
电价灵活性信息	C_{115}	83
电力预测偏差率	C_{121}	3%
生产负荷信息	C_{122}	82
大用电户可追溯性	C_{123}	78
数据来源可靠性	C_{211}	94

续表

三级指标	变量	平均得分
电量采集信息	C_{212}	90%
实时监测偏差率	C_{213}	2%
真实性	C_{221}	92
保密性	C_{222}	93
用户响应及时性	C_{223}	78
用户服务交互性	C_{224}	76
用电安全性	C_{231}	88
装置运行工况	C_{232}	92
能耗信息	C_{233}	82
节能设备有效性	C_{241}	75
节能技术可用性	C_{242}	78
节能推广普遍性	C_{243}	76
智能电网系统性	C_{311}	92
系统稳定性	C_{312}	94
使用便捷性	C_{313}	86
系统升级率	C_{314}	95%
数据库维护率	C_{315}	85%
管理制度合理性	C_{321}	85
管理人员专业性	C_{322}	82
人员考核制度	C_{323}	77
全面性	C_{411}	88
相关性	C_{412}	92
动向准确性	C_{413}	86
解读正确性	C_{414}	82
开工文件情况	C_{421}	75
资金信息	C_{422}	78

第五章　电力需求侧信息质量的评价

（2）确定电力需求侧信息质量评价的待评物元。

①确定经典域。

$$R_1 = \begin{bmatrix} 优秀 & C_{111} & <90, 100> \\ & \cdots & \cdots \\ & C_{115} & <90, 100> \\ & C_{121} & <0, 5\%> \\ & \cdots & \cdots \\ & C_{123} & <90, 100> \\ & C_{211} & <90, 100> \\ & \cdots & \cdots \\ & C_{213} & <0, 5\%> \\ & C_{221} & <90, 100> \\ & \cdots & \cdots \\ & C_{224} & <90, 100> \\ & C_{231} & <90, 100> \\ & \cdots & \cdots \\ & C_{233} & <90, 100> \\ & C_{241} & <90, 100> \\ & \cdots & \cdots \\ & C_{243} & <90, 100> \\ & C_{311} & <90, 100> \\ & \cdots & \cdots \\ & C_{315} & <30\%, 100\%> \\ & C_{321} & <90, 100> \\ & \cdots & \cdots \\ & C_{323} & <90, 100> \\ & C_{411} & <90, 100> \\ & \cdots & \cdots \\ & C_{414} & <90, 100> \\ & C_{421} & <90, 100> \\ & C_{422} & <90, 100> \end{bmatrix}$$

$$R_2 = \begin{bmatrix} 良好 & C_{111} & <80, 90> \\ & \cdots & \cdots \\ & C_{115} & <80, 90> \\ & C_{121} & <5\%, 10\%> \\ & \cdots & \cdots \\ & C_{123} & <80, 90> \\ & C_{211} & <80, 90> \\ & \cdots & \cdots \\ & C_{213} & <5\%, 10\%> \\ & C_{221} & <80, 90> \\ & \cdots & \cdots \\ & C_{224} & <80, 90> \\ & C_{231} & <80, 90> \\ & \cdots & \cdots \\ & C_{233} & <80, 90> \\ & C_{241} & <80, 90> \\ & \cdots & \cdots \\ & C_{243} & <80, 90> \\ & C_{311} & <80, 90> \\ & \cdots & \cdots \\ & C_{315} & <20\%, 30\%> \\ & C_{321} & <80, 90> \\ & \cdots & \cdots \\ & C_{323} & <80, 90> \\ & C_{411} & <80, 90> \\ & \cdots & \cdots \\ & C_{414} & <80, 90> \\ & C_{421} & <80, 90> \\ & C_{422} & <80, 90> \end{bmatrix}$$

第五章　电力需求侧信息质量的评价

$$R_3 = \begin{bmatrix} 一般 & C_{111} & <70, 80> \\ & \cdots & \cdots \\ & C_{115} & <70, 80> \\ & C_{121} & <10\%, 20\%> \\ & \cdots & \cdots \\ & C_{123} & <70, 80> \\ & C_{211} & <70, 80> \\ & \cdots & \cdots \\ & C_{213} & <10\%, 20\%> \\ & C_{221} & <70, 80> \\ & \cdots & \cdots \\ & C_{224} & <70, 80> \\ & C_{231} & <70, 80> \\ & \cdots & \cdots \\ & C_{233} & <70, 80> \\ & C_{241} & <70, 80> \\ & \cdots & \cdots \\ & C_{243} & <70, 80> \\ & C_{311} & <70, 80> \\ & \cdots & \cdots \\ & C_{315} & <10\%, 20\%> \\ & C_{321} & <70, 80> \\ & \cdots & \cdots \\ & C_{323} & <70, 80> \\ & C_{411} & <70, 80> \\ & \cdots & \cdots \\ & C_{414} & <70, 80> \\ & C_{421} & <70, 80> \\ & C_{422} & <70, 80> \end{bmatrix}$$

$$R_4 = \begin{bmatrix} 差 & C_{111} & <60, 70> \\ & \cdots & \cdots \\ & C_{115} & <60, 70> \\ & C_{121} & <20\%, 30\%> \\ & \cdots & \cdots \\ & C_{123} & <60, 70> \\ & C_{211} & <60, 70> \\ & \cdots & \cdots \\ & C_{213} & <20\%, 30\%> \\ & C_{221} & <60, 70> \\ & \cdots & \cdots \\ & C_{224} & <60, 70> \\ & C_{231} & <60, 70> \\ & \cdots & \cdots \\ & C_{233} & <60, 70> \\ & C_{241} & <60, 70> \\ & \cdots & \cdots \\ & C_{243} & <60, 70> \\ & C_{311} & <60, 70> \\ & \cdots & \cdots \\ & C_{315} & <5\%, 10\%> \\ & C_{321} & <60, 70> \\ & \cdots & \cdots \\ & C_{323} & <60, 70> \\ & C_{411} & <60, 70> \\ & \cdots & \cdots \\ & C_{414} & <60, 70> \\ & C_{421} & <60, 70> \\ & C_{422} & <60, 70> \end{bmatrix}$$

$$R_5 = \begin{bmatrix} 极差 & C_{111} & <0, 60> \\ & \cdots & \cdots \\ & C_{115} & <0, 60> \\ & C_{121} & <30\%, 100\%> \\ & \cdots & \cdots \\ & C_{123} & <0, 60> \\ & C_{211} & <0, 60> \\ & \cdots & \cdots \\ & C_{213} & <30\%, 100\%> \\ & C_{221} & <0, 60> \\ & \cdots & \cdots \\ & C_{224} & <0, 60> \\ & C_{231} & <0, 60> \\ & \cdots & \cdots \\ & C_{233} & <0, 60> \\ & C_{241} & <0, 60> \\ & \cdots & \cdots \\ & C_{243} & <0, 60> \\ & C_{311} & <0, 60> \\ & \cdots & \cdots \\ & C_{315} & <0, 5\%> \\ & C_{321} & <0, 60> \\ & \cdots & \cdots \\ & C_{323} & <0, 60> \\ & C_{411} & <0, 60> \\ & \cdots & \cdots \\ & C_{414} & <0, 60> \\ & C_{421} & <0, 60> \\ & C_{422} & <0, 60> \end{bmatrix} \quad (5.6)$$

②确定节域。

$$R = \begin{bmatrix} U & C_{111} & <0, 100> \\ & \cdots & \cdots \\ & C_{115} & <0, 100> \\ & C_{121} & <0, 100\%> \\ & \cdots & \cdots \\ & C_{123} & <0, 100> \\ & C_{211} & <0, 100> \\ & \cdots & \cdots \\ & C_{213} & <0, 100\%> \\ & C_{221} & <0, 100> \\ & \cdots & \cdots \\ & C_{224} & <0, 100> \\ & C_{231} & <0, 100> \\ & \cdots & \cdots \\ & C_{233} & <0, 100> \\ & C_{241} & <0, 100> \\ & \cdots & \cdots \\ & C_{243} & <0, 100> \\ & C_{311} & <0, 100> \\ & \cdots & \cdots \\ & C_{315} & <0, 100\%> \\ & C_{321} & <0, 100> \\ & \cdots & \cdots \\ & C_{323} & <0, 100> \\ & C_{411} & <0, 100> \\ & \cdots & \cdots \\ & C_{414} & <0, 100> \\ & C_{421} & <0, 100> \\ & C_{422} & <0, 100> \end{bmatrix} \quad (5.7)$$

其中，U 为待评价物元等级的全体。

③确定待评物元。

$$R = \begin{bmatrix} U & C_{111} & 88 \\ & \cdots & \cdots \\ & C_{115} & 83 \\ & C_{121} & 3\% \\ & \cdots & \cdots \\ & C_{123} & 78 \\ & C_{211} & 94 \\ & \cdots & \cdots \\ & C_{213} & 2\% \\ & C_{221} & 92 \\ & \cdots & \cdots \\ & C_{224} & 76 \\ & C_{231} & 88 \\ & \cdots & \cdots \\ & C_{233} & 82 \\ & C_{241} & 75 \\ & \cdots & \cdots \\ & C_{243} & 76 \\ & C_{311} & 92 \\ & \cdots & \cdots \\ & C_{315} & 85\% \\ & C_{321} & 85 \\ & \cdots & \cdots \\ & C_{323} & 77 \\ & C_{411} & 88 \\ & \cdots & \cdots \\ & C_{414} & 82 \\ & C_{421} & 75 \\ & C_{422} & 78 \end{bmatrix} \quad (5.8)$$

(3) 确定电力需求侧信息质量指标的关联度。

计算日负荷数据 C111 指标在不同等级下的关联度：

$$\rho(v_{111}, V_1) = \left|88 - \frac{1}{2}(90+100)\right| - \frac{1}{2}(100-90) = 2$$

$$\rho(v_{111}, V_2) = \left|88 - \frac{1}{2}(80+90)\right| - \frac{1}{2}(90-80) = -2$$

$$\rho(v_{111}, V_3) = \left|88 - \frac{1}{2}(70+80)\right| - \frac{1}{2}(80-70) = 8$$

$$\rho(v_{111}, V_4) = \left|88 - \frac{1}{2}(60+70)\right| - \frac{1}{2}(70-60) = 18$$

$$\rho(v_{111}, V_5) = \left|88 - \frac{1}{2}(0+60)\right| - \frac{1}{2}(60-0) = 28$$

$$\rho(v_{111}, V_U) = \left|88 - \frac{1}{2}(0+100)\right| - \frac{1}{2}(100-0) = -12$$

则其关联度分别为：

$$r_{11}(v_{111}) = \frac{\rho(v_{111}, V_1)}{\rho(v_{111}, V_U) - \rho(v_{111}, V_1)} = \frac{2}{-12-2} = -0.143$$

$$r_{21}(v_{111}) = \frac{-\rho(v_{111}, V_2)}{|b_{21} - a_{21}|} = \frac{-(-2)}{90-80} = 0.2$$

$$r_{31}(v_{111}) = \frac{\rho(v_{111}, V_3)}{\rho(v_{111}, V_U) - \rho(v_{111}, V_3)} = \frac{8}{-12-8} = -0.4$$

$$r_{41}(v_{111}) = \frac{\rho(v_{111}, V_4)}{\rho(v_{111}, V_U) - \rho(v_{111}, V_4)} = \frac{18}{-12-18} = -0.6$$

$$r_{51}(v_{11}) = \frac{\rho(v_{111}, V_5)}{\rho(v_{111}, V_U) - \rho(v_{111}, V_5)} = \frac{28}{-12-28} = -0.7$$

日负荷数据 C_{111} 关于各等级的关联度为：

$$r_1(v_{111}) = (-0.143 \quad 0.2 \quad -0.4 \quad -0.6 \quad -0.7)$$

同理，可得其他指标在不同等级下的关联度，如表 5-30 所示。

(4) 多级可拓评价。

① 一级评价。

日负荷数据 C_{111}：

表 5-30　　　　　　　　　三级指标关于评价级别的关联度

指标	等级				
	优秀	良好	一般	差	极差
日负荷数据 C_{111}	-0.143	0.2	-0.4	-0.6	-0.7
地理环境信息 C_{112}	-0.368	-0.143	0.4	-0.2	-0.4
气象信息 C_{113}	0.2	-0.2	-0.6	-0.733	-0.8
经济发展数据 C_{114}	-0.222	0.4	-0.3	-0.533	-0.65
电价灵活性信息 C_{115}	-0.292	0.3	-0.15	-0.433	-0.575
电力预测偏差率 C_{121}	0.4	-0.4	-0.76	-0.867	-0.9
生产负荷信息 C_{122}	-0.308	0.2	-0.1	-0.4	-0.55
大用电户可追溯性 C_{123}	-0.353	-0.083	0.2	-0.267	-0.45
数据来源可靠性 C_{211}	0.4	-0.6	-0.8	-0.867	-0.9
电量采集信息 C_{212}	0.4	-0.6	-0.84	-0.911	-0.933
实时监测偏差率 C_{213}	0.895	0.889	-0.879	-0.862	0.143
真实性 C_{221}	0.2	-0.2	-0.6	-0.733	-0.8
保密性 C_{222}	0.3	-0.3	-0.65	-0.767	-0.825
用户响应及时性 C_{223}	-0.353	-0.083	0.2	-0.267	-0.45
用户服务交互性 C_{224}	-0.368	-0.143	0.4	-0.2	-0.4
用电安全性 C_{231}	-0.143	0.2	-0.4	-0.6	-0.7
装置运行工况 C_{232}	0.2	-0.2	-0.6	-0.733	-0.8
能耗信息 C_{233}	-0.308	0.2	-0.1	-0.4	-0.55
节能设备有效性 C_{241}	-0.375	-0.167	0.5	-0.167	-0.375
节能技术可用性 C_{242}	-0.353	-0.083	0.2	-0.267	-0.45
节能推广普遍性 C_{243}	-0.369	-0.144	0.4	-0.2	-0.4
智能电网系统性 C_{311}	0.2	-0.2	-0.6	-0.73	-0.8
系统稳定性 C_{312}	0.4	-0.4	-0.7	-0.8	-0.85
使用便捷性 C_{313}	-0.222	0.4	-0.3	-0.533	-0.65
系统升级率 C_{314}	0.947	0.944	-0.934	-0.931	0.071
数据库维护率 C_{315}	0.842	0.833	-0.818	-0.793	0.214
管理制度合理性 C_{321}	-0.25	0.5	-0.25	-0.5	-0.625
管理人员专业性 C_{322}	-0.308	0.2	-0.1	-0.4	-0.55
人员考核制度 C_{323}	-0.361	-0.115	0.3	-0.233	-0.425

续表

指标	等级				
	优秀	良好	一般	差	极差
全面性 C_{411}	-0.143	0.2	-0.4	-0.6	-0.7
相关性 C_{412}	0.2	-0.2	-0.6	-0.733	-0.8
动向准确性 C_{413}	-0.222	0.4	-0.3	-0.533	-0.65
解读正确性 C_{414}	-0.308	0.2	-0.1	-0.4	-0.55
开工文件情况 C_{421}	-0.375	-0.167	0.5	-0.167	-0.375
资金信息 C_{422}	-0.353	-0.083	0.2	-0.267	-0.45

$$r(c_{111}) = [w_{111}, w_{112}, \cdots, w_{115}] \cdot \begin{bmatrix} r_{11}(c_{111}) & r_{21}(c_{111}) & \cdots & r_{51}(c_{111}) \\ r_{12}(c_{112}) & r_{22}(c_{112}) & \cdots & r_{52}(c_{112}) \\ \vdots & \vdots & \ddots & \vdots \\ r_{15}(c_{115}) & r_{25}(c_{115}) & \cdots & r_{55}(c_{115}) \end{bmatrix} =$$

$$(0.21, 0.6466, \cdots, 0.1399) \begin{pmatrix} -0.143 & 0.2 & \cdots & -0.7 \\ -0.368 & -0.143 & \cdots & -0.4 \\ \vdots & \vdots & \ddots & \vdots \\ -0.292 & 0.3 & \cdots & -0.575 \end{pmatrix} =$$

$$(-0.0198, 0.0178, -0.4004, -0.6086, -0.7067) \quad (5.9)$$

同理可得，其他三级指标在不同等级下的关联度，如汇总表 5-31 所示。

表 5-31　　　　二级指标关于评价级别的关联度

指标	等级				
	优秀	良好	一般	差	极差
外部环境信息质量 B_{11}	-0.0198	0.0178	-0.4004	-0.6086	-0.7067
负荷预测信息质量 B_{12}	-0.1284	0.01365	-0.2401	-0.5075	-0.6306
实时运行信息质量 B_{21}	0.7478	0.4465	-0.8600	-0.8685	-0.1707
用户信息质量 B_{22}	0.0803	-0.1908	-0.3977	-0.6206	-0.7155
基建信息质量 B_{23}	-0.0342	0.0536	-0.4427	-0.6283	-0.7213
能效信息质量 B_{24}	-0.3703	-0.1489	0.4337	-0.1891	-0.3916
系统信息质量 B_{31}	0.3263	0.0038	-0.6407	-0.7462	-0.6207

续表

指标	等级				
	优秀	良好	一般	差	极差
组织信息质量 B_{32}	-0.2985	0.2447	-0.0966	-0.4083	-0.5563
政策信息质量 B_{41}	-0.08511	0.1102	-0.3972	-0.5980	-0.6986
新建规划信息质量 B_{42}	-0.36767	-0.139	0.4000	-0.2003	-0.4

②二级评价。

同理，依据表5-31得出了第二层指标的评价结果，结合第二层指标的权重值，就能得出指标体系第二层指标在不同等级下的关联度，如汇总表5-32所示。

表5-32　　　　　一级指标关于评价级别的关联度

指标	等级				
	优秀	良好	一般	差	极差
负荷信息质量 A_1	-0.1013	0.01467	-0.2802	-0.5328	-0.6496
监控信息质量 A_2	0.3974	0.2358	-0.6182	-0.7353	-0.3903
管理信息质量 A_3	0.2569	0.0306	-0.5803	-0.7087	-0.6136
政府规划信息质量 A_4	-0.0213	-0.0767	0.2007	-0.2997	-0.4746

③三级评价。

同理，依据前面得出了第一层指标的评价结果，结合一级指标的权重值，就能得到电力需求侧信息质量评价的最终结果。根据层次分析法计算的一级指标权重为：

$$A = (0.5556, 0.3, 0.094, 0.504) \tag{5.10}$$

可以计算出此电力企业电力需求侧信息质量评价结果，如表5-33所示。

表5-33　　　　　电力需求侧信息质量评价结果

	优秀	良好	一般	差	很差	可拓评价结果
总体评价	0.0763	0.0431	-0.2947	-0.7345	-0.7751	优秀

关联度越大，表示判断对象归属某等级概率越高。从电力需求侧信息质

量评价的最终结果来看,该园区整体的电力需求侧信息质量关联度中最大的是 0.0763,该数值对应的是优秀,即园区整体电力需求侧信息质量属于优秀。但通过分析评价过程,该供电公司电力需求侧信息质量仍可以在细节部分进行改进提升。具体来说,在管理电力需求侧信息的过程中,该供电公司需要侧重提高 B_{22} 中与用户交互相关的服务,以及加大 B_{24} 中节能设备技术的开发与推广,以尽可能地降低供电区域的能源消耗。在此基础上,还需要在 B_{42} 企业规划文件信息的掌握方面更加重视,使各指标与低等级关联度减小,与高等级关联度增大,以提高等级信息质量的综合关联度,从而有效地提高电力需求侧信息的质量水平。

本章小结

电力行业作为资金密集型行业,其电网建设项目有着投资金额大、回收期长、风险较高的特点,而电力需求侧信息质量评价工作对于保障电网建设项目投资效益、减少风险损失、促进社会经济发展有着积极意义。本章的主要工作和结论如下:

(1) 运用扎根理论研究电力需求侧信息质量评价方法,构建了电力需求侧信息质量评价指标体系,是对电力需求侧管理的有益补充。在这个指标体系中,涵盖了负荷信息质量、监测信息质量、管理信息质量和政府规划信息质量四个维度,包含环境信息质量、负荷预测信息质量、实时运行信息质量、用户信息质量、基建信息质量、能效信息质量、系统信息质量、组织信息质量、政策信息质量、新建规划信息质量 10 个主范畴。环境信息、负荷预测信息、实时运行信息、用户信息、基建信息与电力需求侧信息质量属于因果关系;能效信息、系统信息、组织信息、政策信息、新建规划信息与电力需求侧信息质量是中介关系。通过要素之间的相互作用,最终构建出电力需求侧信息质量的评价指标体系。在此基础上,基于可拓综合评价进行实证分析,证明该指标体系在理论上和方法上可行,能够认识目前需求侧信息质量的水平,并为如何改进信息质量至下一个更高的阶段指明方向,具有一定的实际意义。

（2）电力需求侧信息质量的问题是个复杂动态的问题，并不能完全靠一套指标体系与评价方法去解决。笔者虽然在指标体系的建立和评价方法上做了一些工作，但是还存在不足，相关调研和具体案例的验证还可以更加深入具体，指标体系与评价方法还可以进一步丰富和拓展。但笔者对于电力需求侧信息评价的原创性研究，可以为未来相关研究抛砖引玉。

第六章

电力需求侧信息质量的改进

电力需求侧信息质量的改进是继评价之后的又一项重要工作,本章提出了一种基于 IP－UML 的电力需求侧信息质量改进方法,分别构建按阶段划分的数据分析模型、质量分析模型、质量改进设计模型,并以实例证明该方法的科学性和适用性。

第一节 信息产品与信息产品图(IP 图)

一、信息产品概述

根据百度百科的定义,信息产品是指在信息化社会中产生的以传播信息、整合信息、利用信息等以信息为核心的服务性产品。新闻产品、媒体产品、广告、软件产品等是信息产品的主要内容。信息产品凝结着人类劳动的信息。

信息作为产品是由信息内容及信息载体两部分构成的。信息内容与信息载体是信息产品不可分割的两个方面。没有载体,也就不存在信息,更谈不上信息产品;没有信息,载体的独立存在只能称为物质产品,而不是信息产品。

二、信息产品的本质属性

信息产品作为现代经济活动的一种最重要产出成果,作为现代产品的一个重要组成部分，其本质属性有以下方面。

1. 信息产品是信息含量很高的产品。

信息产品是对未经加工的信息资源进行加工，或对已加工的信息资源进行再加工而形成的产品，是开发信息资源的结果。

信息产品以信息为原料，并在其生产过程中加入了人们的信息劳动，这使信息产品中必然包含很多的信息，可以说，信息是构成信息产品的主要成分，信息产品中的信息成分远大于物质产品中的信息成分。虽然物质产品中也包含信息成分，但形成物质产品的原材料是物质，其产出物也是以物质成分为主。

以信息为其生产过程的起点和终点是信息产品的一个重要的本质属性。

2. 信息产品是信息劳动的结晶。

信息产品的第二个本质特征在于它是信息劳动的结晶。这一本质属性包含两个方面的内容。

一方面，信息产品首先必须是劳动的产物，没有经过劳动加工，其中没有凝结人类劳动的信息资源不是信息产品，自然界的动植物和其他自然现象所发出的信息和人类社会中产生的原始信息都不是信息产品。这是信息产品区别于一般信息的重要标志。

另一方面，信息产品还是以信息劳动为主而形成的产品。信息劳动是一种智力劳动，而智力劳动是对智力要求较高而对体力要求较低的劳动，信息劳动是由知识进步所引起的、为满足人类发展需要的一种智力集约化劳动。在信息产品生产和提供过程中，智力占有相当大的比例。从一般意义上说，信息劳动与信息活动有关，而并非所有的智力劳动都是信息劳动。

3. 信息产品是以满足人们的信息需求为主的产品。

任何产品都能满足一定的社会需求，人们的需求可分为物质需求和精神需求两大类，信息需求是人们在工作、生产和生活中对信息、知识和情报等的需求；信息需求的目的既可以是满足精神方面的需求，也可以是更好地满足人们的物质需要。而信息产品既可以用来直接满足人们的精神需要，也可以用于物质产品的生产和信息产品的生产中，从而生产出质量更高、性能更好的物质产品和信息产品，间接地改善人们的物质生活和丰富人们的精神生活。

三、信息产品图

产品信息图（Information Product Map）的目标是创建一种系统化的表达，用于捕捉与产品信息生产的详细资料。Ballou 等（1998）使用类似数据流图 DFD 中使用的符号，首次创建了 IP 图并用于信息生产流程建模。这种模型强调基于制造概念的术语和参数引入数据质量理念，为了区分该模型，Ballou 等把这些图表称为信息生产模型（Information Product Map）。之后，Shankaranaraynan 等（2000）对 Ballou 等工作进行改建，在模型中增加了 3 个图块，即判断点、信息系统边界点和组织边界点，并且将这种新的图表称为 IP 图。

（一）IP 图的基本定义、概念与符号

在信息产品图委员会作为一般组织提出了一套基本的符号和构件，并以此来开发信息产品图。这个委员会是基于 Ballou 和 Shankaranaraynan 等的研究来开展工作的。本部分将对这些研究进行阐述。

信息产品图就是对信息产品制造或创建流程的系统化描述，它使用了一套标准的符号和规则。该标准组织把信息产品分为 4 种类型：

（1）标准型。这类信息产品拥有事先指定的格式，按计划周期生成，或在必要的情况下随时生成，如典型的业务报告、账单及工资单。

（2）特设型。这类信息产品为格式灵活的实体，没有预先确定的格式，在需要时可随时创建和订制。

（3）存储型。这类信息产品由具有物理意义的记录、文档及数据库集构成。

（4）自由格式型。此类信息产品包括有意义的数据集，其格式并没有预先严格限定。它们既包括来自视频、音频等多媒体数据，也包括来自书籍和期刊等印刷媒体数据。

提高不同类型信息产品的质量，需要采取不同的策略。尽管类型不同，但它们都是信息产品，可以采用本书提出的方法和绘图规则。

尽管目前有一套标准符号和规则还在不断完善之中，但仍可用来描述信

息产品的创建。表 6-1 列出了用于绘制信息产品图的基本符号。每个表格都给出了信息产品图的结构定义及其符号。随着信息产品图的应用不断增加，以及获取的新知识不断增多，我们将对这套符号进行改进。

表 6-1　　　　　　　　　　　IP 图符号汇总

图块名	符号	描述
来源（原始输入数据）		用于表示为了生产用户期望的信息产品，必须可用的每个原始（输入）数据项的来源
客户号（输出）		用于表示信息产品的用户。在该图块中用户详细说明了构成最终信息产品的数据元素
数据质量		用于表示生产"无缺陷"信息产品所必需数据列项的数据质量检查
处理		用于表示最终生产信息产品需要的对相关的原始数据项或成分数据项进行的任何编辑、计算或组合。当处理图块用于数据输入项的清理或纠正这一特定目的时，该图块就变成所谓的数据纠正图块
数据存储		用于表示存储在文件或数据库中的数据项，以便它们在进一步
判断		在一些负责的信息生产系统中，必须根据一些特定数据项的自在这种情况下，判断图块用于捕获要评估的不同条件，以及根据评估处理输入数据项的相应程序
业务边界		用于说明跨部门或组织边界信息产品的移动

续表

图块名	符号	描述
信息系统边界		用于反映当原始输入数据项或成分数据项从一个信息系统时发生的变化。这些系统变化可能在业务单元内部，或者是在业务单元之间。存在这样的情况，原始输入数据项或成分数据项既经历业务边界的变化。为此，定义了二者组合的业务——信息系统边界图块

信息产品图和数据流程图有一些类似的地方，都是处理数据流程和数据转换的图表，因此图表技术存在类似之处。

不过，信息产品图并不仅仅是一个数据流程图。与数据流程图或实体关系图相比，信息产品图包含更多的信息，既有信息收集者、管理者和消费者的信息，还有在信息生产加工过程中利益相关方的参与度及角色的特定信息。

系统基础设施、组织基础设施以及特定职能和责任应该说明清楚。信息产品图的一个重要方面是它们加入了数据质量维度信息。Ballou等已将数据质量的维度及时加入信息产品图的一些模块中。

（二）创建信息产品图的步骤

创建信息产品图的程序是基于标准组织的最初提议。该组织的提议已经作为鉴别、绘图、优选以及改进组织信息产品质量的方法。

创建信息产品图的步骤归纳如下。

步骤1：选择要绘制的信息产品。选择构成信息产品基本构件的数据元素，依据不同的情况，采用不同的方法完成。

一种情况是通过检查和分解信息产品来获取数据元素。另一种情况可能无法清楚地鉴别或描述一个明确的信息产品，这时就可以运用自下而上的方法，选择对该信息产品看似关键的一个或多个数据元素。之后，在信息产品图的绘制过程中，对这组数据元素进行筛选（增加或移除元素）。

步骤2：确定数据收集者、数据管理者和数据使用者。确定谁创建、收集和输入数据，谁负责维护数据以及谁将使用这些数据是非常重要的。

步骤3：通过掌握数据元素的流向及其转化，以及数据元素流程之间和内部的连接,来描述信息产品。

步骤4:确定职能角色。确定相关系统,确定所涉及的人员及其责任。这些信息现在可以被合并到信息产品图中。

一般来说,这个顺序将会是:描绘客观流程/工作流程、描绘数据流程、描绘系统基础设施、描绘组织基础设施和角色。

(三) IP 图的主要目的

构建 IP 图主要有 5 个目的:

(1) IP 图能够使信息产品生产过程中最重要的阶段对管理人员可见,并且能够让管理人员确定影响信息产品质量的关键阶段。

(2) 使用 IP 图,管理人员能够准确找到信息生产系统中的"瓶颈",估计出交互信息产品的时间。

(3) 能用在对所包含流程的持续改进原则,IP 图可以帮助确定每个阶段流程的归属,并且有助于实施源头质量控制。

(4) IP 图能够帮助管理人员理解 IP 图中跨流程、跨阶段的组织业务单位和信息系统边界。

(5) IP 图允许在信息产品生产流程的不同阶段利用合适的质量维度对信息产品的质量进行测量。IP 图包括一个捕获与 IP 图构成相关元数据的知识库。元数据增加了 IP 图全面跟踪和管理与信息产品相关的能力,并为解决与信息产品质量相关的问题提供服务。

第二节 统一建模语言 UML

一、UML 概述

统一建模语言(Unified Modeling Language,UML)是由 3 位世界著名的面向对象技术专家 Gray Booch、Jim Rumbaugh 和 Ivar Jacobson 发起的,在 Booth 表示法、OOSE 方法和 OMT 方法的基础上,广泛征求意见,反复修改后提出的通用的图形化标准建模语言。统一建模语言(UML)是非专利的第三代建模和规约语言。UML 是在开发阶段、说明、可视化、构建和书写一个面向对象软件密集系统的制品的开放方法。UML 展现了一系列最佳工程实践，这些最佳实践在对大规模、复杂系统进行建模方面，特别是在软件架构层次已经被验证有效。UML 经过不断使用、发展和完善，已经成为一种定义良好、易于表达、功能强大且普遍适用的建模语言，它为用户建模提供了完整的符号表示和不同层次的元模型，其作用域不仅支持面向对象的分析与设计，还支持从需求分析开始的软件开发的全过程，用户可以根据自己所开发系统的特点和不同的开发阶段，灵活选用 UML 所提供的各种图和模型，以实现系统软件的柔性开发。

二、UML 中主要的图

（一）用例图

用例图是被称为参与者的外部用户所能观察到的系统功能的模型图，呈现了一些参与者和一些用例，以及它们之间的关系，主要用于对系统、子系统或类的功能行为进行建模。用例图展示了用例之间以及同用例参与者之间是怎样相互联系的。用例图用于对系统、子系统或类的行为进行可视化，使用户能够理解如何使用这些元素，并使开发者能够实现这些元素。

用例图描述了系统提供的一个功能单元。用例图的主要目的是帮助开发团队以一种可视化的方式理解系统的功能需求，包括基于基本流程的"角色"（actors，也就是与系统交互的其他实体）关系，以及系统内用例之间的关系。用例图一般表示出用例的组织关系——要么是整个系统的全部用例，要么是完成具有功能（例如，所有安全管理相关的用例）的一组用例。要在用例图上显示某个用例，可绘制一个椭圆，然后将用例的名称放在椭圆的中心或椭圆下面的中间位置。要在用例图上绘制一个角色（表示一个系统用户），可绘制一个人形符号，如图 6-1 所示。角色和用例之间的关系使用简单的线段来描述。

（二）类图

类图表示不同的实体（人、事物和数据）如何彼此相关；换句话说，

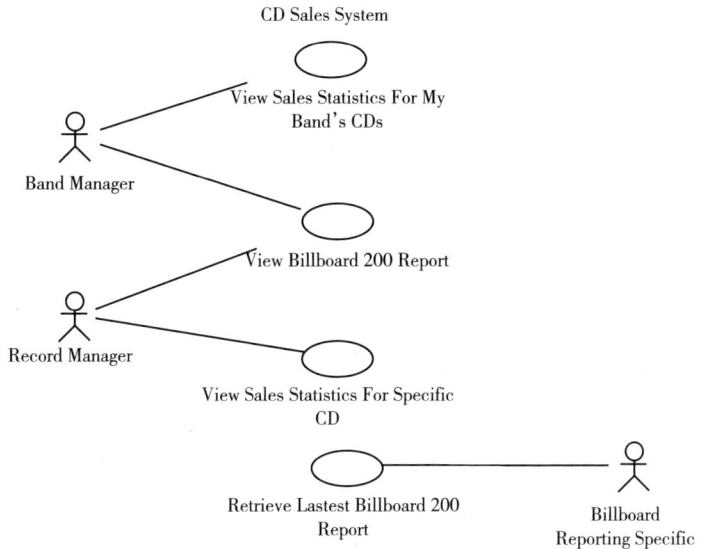

图 6-1 用例图

它显示了系统的静态结构。类图可用于表示逻辑类,逻辑类通常就是业务人员所谈及的事物种类——摇滚乐队、CD、广播剧;或者贷款、住房抵押、汽车信贷以及利率。类图还可用于表示实现类,实现类就是程序员处理的实体。实现类图或许会与逻辑类图显示一些相同的类。然而,实现类图不会使用相同的属性来描述,因为它很可能具有对诸如 Vector 和 HashMap 这种事物的引用。

类在类图上使用包含三个部分的矩形来描述,如图 6-2 所示。最上面的部分显示类的名称,中间部分包含类的属性,最下面的部分包含类的操作(或者说"方法")。

(三)序列图

序列图显示具体用例(或者是用例的一部分)的详细流程。它几乎是自描述的,并且显示了流程中不同对象之间的调用关系,同时还可以很详细地显示对不同对象的不同调用。

序列图有两个维度:垂直维度以发生的时间顺序显示消息/调用的序列;水平维度显示消息被发送到的对象实例。

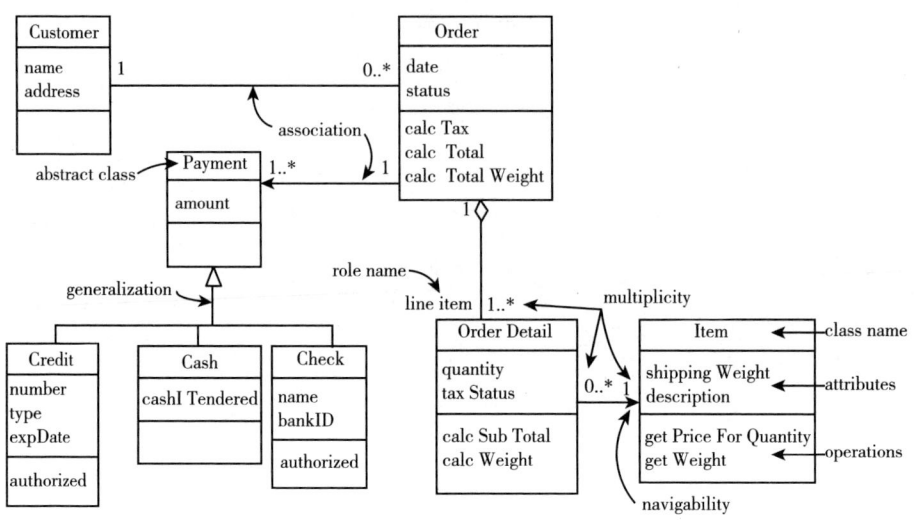

图 6-2 类图

序列图的绘制非常简单。横跨图的顶部，每个框表示每个类的实例（对象）。在框中，类实例名称和类名称之间用空格/冒号/空格来分隔。如果某个类实例向另一个类实例发送一条消息，则绘制一条具有指向接收类实例的开箭头的连线，并把消息/方法的名称放在连线上。对于某些特别重要的消息，您可以绘制一条具有指向发起类实例的开箭头的虚线，将返回值标注在虚线上。就笔者而言，总喜欢绘制出包括返回值的虚线，这些额外的信息可以使序列图更易于阅读。

阅读序列图也非常简单，如图 6-3 所示。从左上角启动序列的"驱动"类实例开始，然后顺着每条消息往下阅读。

（四）状态图

状态图表示某个类所处的不同状态和该类的状态转换信息。有人可能会争论说每个类都有状态，但不是每个类都应该有一个状态图。只对"感兴趣的"状态的类（也就是说，在系统活动期间具有三个或更多潜在状态的类）才进行状态图描述。

如图 6-4 所示，状态图的符号集包括 5 个基本元素：①初始起点，它使用实心圆来绘制；②状态之间的转换，它使用具有开箭头的线段来绘制；

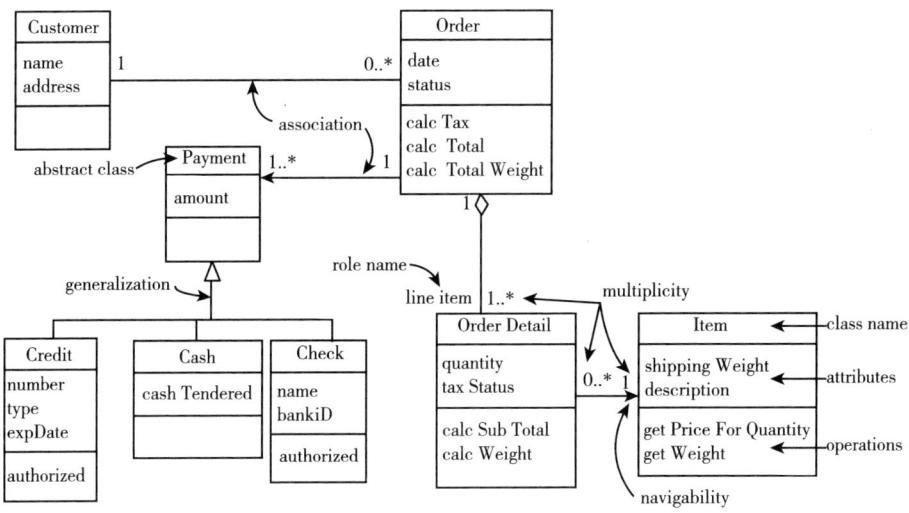

图 6－3 序列图

③状态，它使用圆角矩形来绘制；④判断点，它使用空心圆来绘制；⑤一个或者多个终止点，它们使用内部包含实心圆的圆来绘制。要绘制状态图，首先绘制起点和一条指向该类的初始状态的转换线段。状态本身可以在图上的任意位置绘制，然后只须使用状态转换线条将它们连接起来。

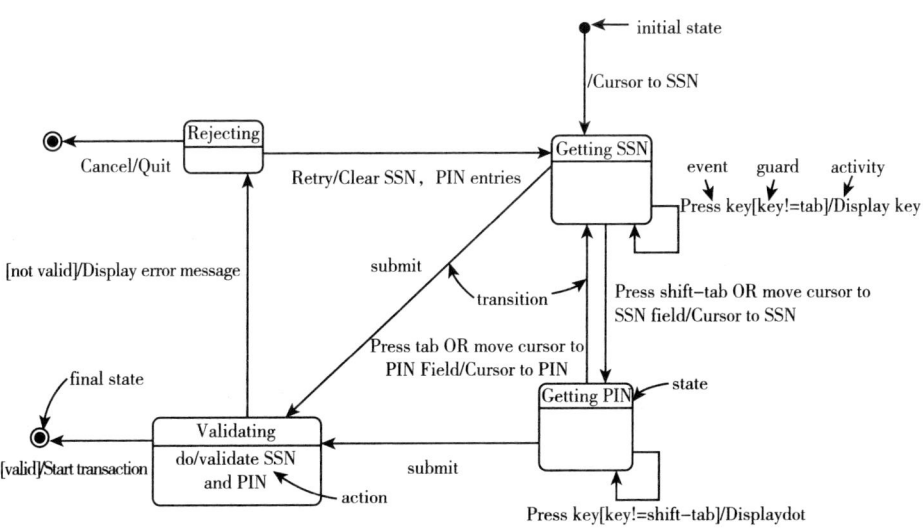

图 6－4 状态图

(五) 活动图

活动图表示在处理某个活动时,两个或者更多类对象之间的过程控制流。活动图可用于在业务单元的级别上对更高级别的业务过程进行建模,或者对低级别的内部类操作进行建模。根据笔者的经验,活动图最适合用于对较高级别的过程建模,如公司当前在如何运作业务,或者业务如何运作等。这是因为与序列图相比,活动图在表示上"不够技术性的",但有业务头脑的人们往往能够更快速地理解它们。

活动图的符号集与状态图中使用的符号集类似,如图6-5所示。像状态图一样,活动图也从一个连接到初始活动的实心圆开始。活动是通过一个圆角矩形(活动的名称包含在其内)来表示的。活动可以通过转换线段连接到其他活动,或者连接到判断点,这些判断点连接到由判断点的条件所保护的不同活动。结束过程的活动连接到一个终止点(就像在状态图中一样)。

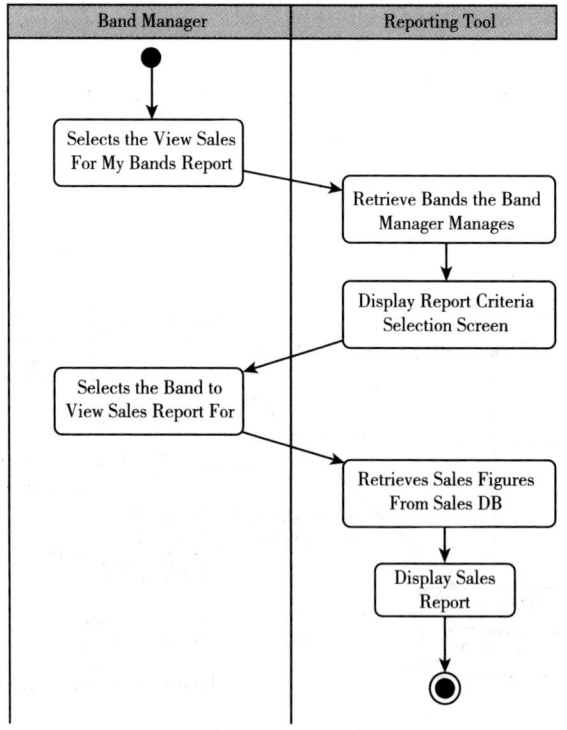

图6-5 活动图

(六) 组件图

组件图提供系统的物理视图。它的用途是显示系统中的软件对其他软件组件（例如，库函数）的依赖关系。组件图可以在一个非常高的层次上显示，从而仅显示粗粒度的组件。组件图的绘制如图 6-6 所示。

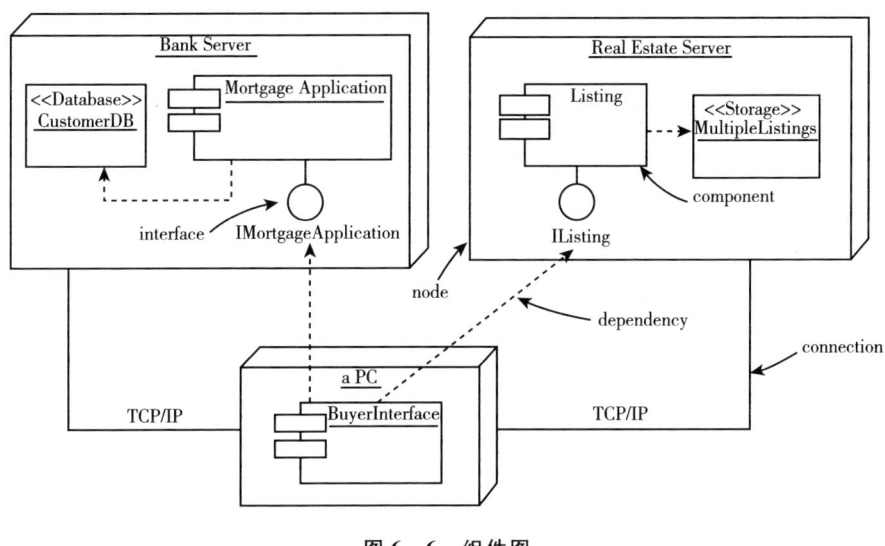

图 6-6 组件图

(七) 部署图

部署图表示该软件系统如何部署到硬件环境中。它的用途是显示该系统不同的组件将在何处物理地运行，以及它们将如何彼此通信。因为部署图是对物理运行情况进行建模，系统的生产人员就可以很好地利用这种图。

部署图中的符号包括组件图中所使用的符号元素，另外，还增加了几个符号，包括节点的概念。一个节点可以代表一台物理机器，或代表一个虚拟机器节点（例如，一个大型机节点）。要对节点进行建模，只需要绘制一个三维立方体，节点的名称位于立方体的顶部。所使用的命名约定与序列图中相同：［实例名称］［实例类型］。

(八) 协作图

协作图对在一次交互中有意义的对象和对象间的链建模。对象和关系只有在交互时才有意义。类元角色描述了一个对象,关联角色描述了协作关系中的一个链。协作图用几何排列来表示交互作用中的各个角色。附在类元角色上的箭头代表消息。消息的发生顺序用消息箭头处的编号来说明,如图 6-7 所示。

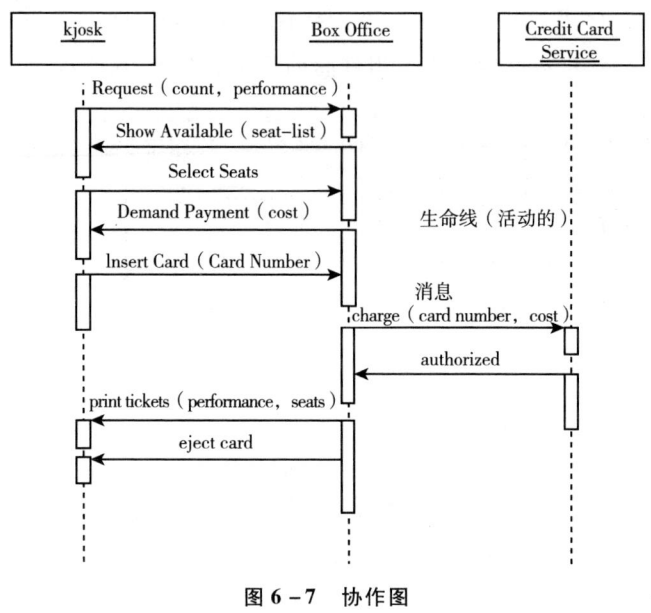

图 6-7 协作图

协作图的一个用途是表示一个类操作的实现。协作图可以说明类操作中用到的参数和局部变量以及操作中的永久链。当实现一个行为时,消息编号对应了程序中嵌套调用结构和信号传递过程。

(九) 包图

为了简单地表示出复杂的类图,可以把类组合成包 packages。一个包是 UML 上有逻辑关系的元件的集合。图 6-8 是一个把类组合成包的一个商业模型。如果另一个包 B 改变可能会导致一个包 A 改变,则包 A 依赖包 B。

三、UML 的特点与优点

(一) 特点

UML 统一了 Booch、OMT、OOSE 和其他面向对象方法的基本概念和符

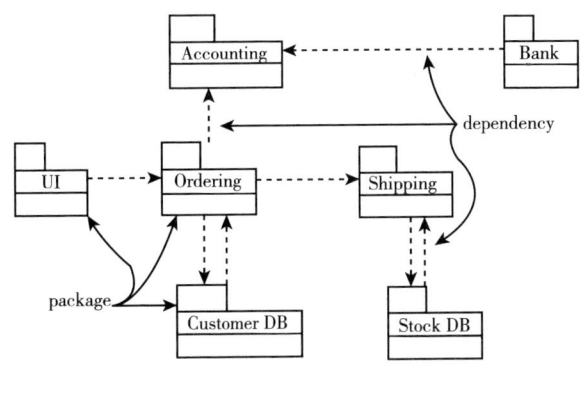

图 6-8　包图

号。同时，UML 汇集了面向对象领域中很多人的思想，这些思想是 UML 的创始者依据最优秀的面向对象方法和丰富的计算机科学实践经验综合提炼而成的。

目前，UML 是一种先进的标准建模语言，但其中某些概念尚待实践验证，UML 的发展还存在一个进化过程。UML 是一种建模语言而不是一种方法。这是因为 UML 中没有过程的概念，而过程正是方法的一个重要组成部分。UML 本身独立于过程，这意味着用户在使用 UML 进行建模时，可以选用任何适合的过程。过程的选用与软件开发过程的不同因素有关，如所开发软件的种类（如实时系统、信息系统和桌面产品）、开发组织的规模（如单人开发、小组开发和团队开发）等。用户将根据不同的需要选用不同的过程。UML 只是一语言，是独立于过程的，最好将它应用于用例驱动的、以体系结构为中心的、迭代的、递增的过程。

（二）优点

（1）UML 符号具有定义良好的语义，不会引起歧义。UML 是一个标准的、被广泛采用的建模语言，因此，用 UML 建模有利于交流。

（2）UML 是可视化的建模语言，它为系统提供了图形化的可视模型，使系统的结构变得直观，易于理解。

（3）用 UML 为软件系统建立模型不但有利于交流，而且有利于软件的维护。

总之，统一建模语言 UML 是一种定义良好、富于表达、功能强大且普遍适用的建模语言。它融入了软件工程领域的新思想、新方法和新技术。它不但支持面向对象的分析与设计，还支持从需求分析开始的软件开发的全过程。UML 代表了面向对象软件开发技术的发展方向，具有巨大的市场前景，也具有重大的经济价值。

第三节 一种基于 IP – UML 的 DSM 信息质量改进方法

一、IP – UML 方法

Scannapieco，Pernici 和 Pierce（2002）提出了一种使用统一建模语言 UML 构建的数据质量剖析图。其中，数据质量剖析图由三个基于 UML 概念和术语的独立模型组成。第一个是数据分析模型，它确定对哪些数据感兴趣、数据构成及其在信息生产流程中的来源；第二个是质量分析模型，确定构成信息产品的每一类数据的质量需求；第三个是像数据流图或 IP 图这样的质量设计模型，它提供了一种能够同时对数据和流程建模的手段，便于在数据生产流程中验证质量需求的满意度，并且能够对流程中支持质量改进所必须的变化进行建模。

本书将 IP – UML 方法应用于改进 DSM 信息质量的思路是：首先，提出一种信息质量 UML 预定义包，该预定义包是在 Ballou 等 IP 图框架这一概念受到的启发；其次，将信息质量 UML 预定义模式内嵌在一种类似 IP 图框架（不完全等同于 IP 图框架，具体内容在后面阐述）中；最后，结合一种典型的 DSM 负荷报装的实例，提出具体的改进方法与步骤，阐述效果并进行总结。

二、构建信息质量 UML 预定义包

在开展信息质量改进流程之前，有必要对各流程使用的模型进行建模，也就是建立信息质量预定义模型包。电力需求侧信息质量预定义模型包是为

了对信息质量改进活动进行建模和设计,是对基本 UML 进行扩充并在 IP 图框架中定义了起始域概念,目的是为信息质量改进工作提供模型支撑。与研究内容相对应,信息质量预定义模型包由 3 种模型组成,即:数据分析模型、质量分析模型和质量设计模型。

1. 构建数据分析模型,用于筛选电力需求侧信息库中哪些数据是重要的,分析它们的组成成分和来源。建立数据分析模型的步骤是:根据该模型包含的每个要素,为各要素建立一个构造型 UML 类,包含电力需求侧信息类、原始数据类、成分数据类、质量数据类,并建立这些类的关联关系。此部分工作可用图 6-9 表示。

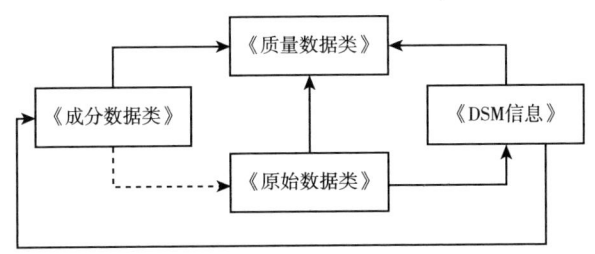

图 6-9 数据分析模型中的类

2. 构建质量分析模型,由描述电力需求侧信息质量需求的建模元素构成,其中一项质量需求与之前定义的信息质量维度关联。具体步骤是:将电力需求侧信息与信息质量维度相关的需求建成一个层次结构的构造型类型模型,且所有的质量需求都是质量需求类的子类。

以 Wang,Ziad 和 Lee 提出的一组较为经典的质量维度为例(实际研究中会以第一部分研究内容中的电力需求侧信息质量测量维度的研究成果为基准),本模型构建的质量需求类和质量关联类的关系如图 6-10 所示。

3. 构建质量设计模型,根据第二部分信息质量评价的结果,验证评价结果和质量需求的差异,找出信息质量的问题,根据不同 DSM 信息的特点、问题和改进思路,将改进方法步骤用 UML 表示出来。其表现在绘制 UML 图上是,将 UML 活动图与 UML 对象流图相结合,获取 IP 图的动态视图,可以实现:①检测现有的信息质量问题;②引入信息质量改进活动。由于不同电力需求侧信息质量改进模式可能不同,此部分模型不存在通用的建模步

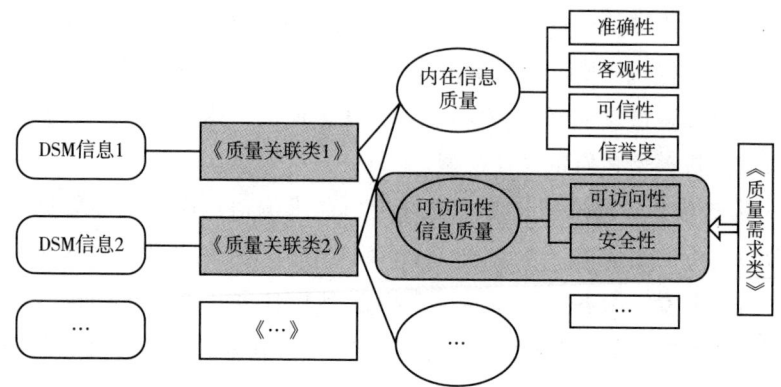

图 6-10 质量分析模型中的类与关联

骤,详细步骤会在以后的信息质量改进流程中详细阐述。

三、DSM 信息质量的改进流程与案例

根据研究内容的参数,以及前面信息质量预定义模型包对各阶段模型的定义。本部分研究步骤如下:

1. 数据分析阶段。

首先,将电力需求侧信息库中的不同 DSM 信息按照数据分析模型将描绘该信息的构造型 UML 类绘制出来,详细阐述电力需求侧信息类、原始数据类、成分数据类、质量数据类,并建立这些类的关联关系。其次,根据以上类图,对不同 DSM 信息按照重要性进行分类。

2. 质量分析阶段。

对于较为重要的 DSM 信息,按照质量分析模型构造其质量需求类和质量关联类。因为质量需求类可以借鉴第一部分电力需求侧信息测量维度的研究成果,而质量关联类可以采用专家会议等方法确定这些 DSM 信息的质量需求有哪些。

3. 质量改进设计阶段。

质量改进设计建立在跨部门、跨主体流程的一个再造基础之上,也就是说,电力需求侧信息质量改进不仅仅是某一部门某一责任人的工作改进,而需要跨主体(政府、电网企业、用户及其他主体)、跨部门(如电力企业跨

部门）的相互协作甚至对 DSM 信息管理的流程再造（重组）。由于不同 DSM 信息的来源、存储位置、责任人、组织管理制度等不同，因此不同 DSM 信息质量的改进方法可能不太相同，反映在质量设计模型是：需要根据具体情况绘制该 DSM 信息质量改进 IP 图的动态视图。图 6-11 是以"大客户报装负荷"这个典型的电力需求侧信息的质量改进阶段的示意图。

大客户报装电力负荷对电网公司编制规划等工作的重要性不言而喻，由于报装和负荷实际落地往往时间较长，可能会产生报装和实际落地负荷不一致的情况，因此这种电力需求侧信息最大的信息质量需求是合时性需求，在具体 IP 图中需要建立一个通知机制，当改变报装负荷的事件发生时，激活该机制。图 6-11 以大客户位置迁移为例，说明如何进行质量改进的设计。

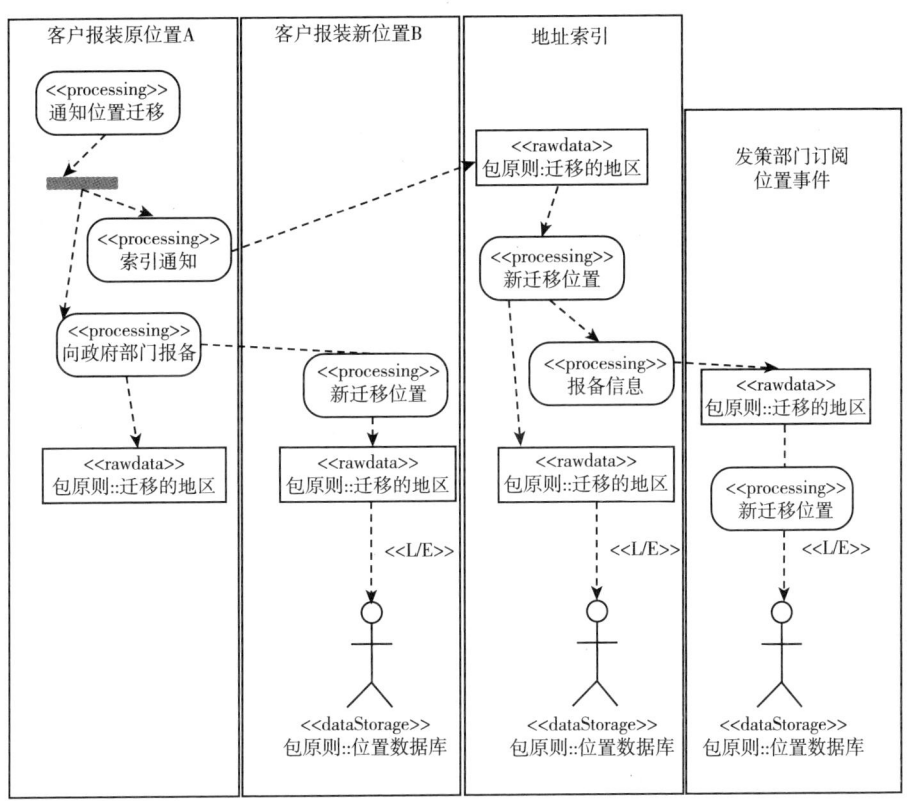

图 6-11 质量设计模型：质量改进阶段示意图（以大客户报装负荷信息为例）

图 6-11 描述了大客户从位置 A 迁移到位置 B 的案例，假设两处位置都在某电网公司的服务范围内，当情况有变负荷不能在 A 位置落地后，客户会在政府部门报备，该信息的数据主管（一般在电网公司发策部门）不定时订阅该类信息，在电力需求侧信息库中的修改该处信息，并将该信息的索引（包括纯位置数据的信息所有元素）告知其他必要部门，这样形成一个跨部门的信息再造流程，时刻掌握客户报装信息的变化，而不是在客户报装后一劳永逸不去处理数据的变动，达到改进信息质量的目的。其他电力需求侧信息也可以按照类似思路构建质量改进设计模型。

第四节 信息质量管理的组织、制度与策略

本章虽然提出了一种基于 IP–UML 的信息质量改进的方法，但信息质量的全面提升靠一种方法是不切实际的。信息质量的管理工作应该融入企业、机构的日常管理中去，形成一种常态化的信息质量管理组织、制度，并采用行之有效的信息质量管理策略。本节从信息质量管理组织、制度和策略三个方面，进行了不甚系统全面的几点总结，但具备一定的实用性和推广性。

一、信息质量管理是组织中不可忽视的重要活动

数据的来源如同原材料一样进入系统，而 IT 过程就如工程中的机械和铸造过程一般，将这些原材料打造成符合预定义好的需求的最终产品。这些类比也与在工厂的生产流程中使用到的全面质量管理（Total Quality Management，TQM）中的许多原则相印证。全面质量管理对提高产品的质量起到了重要的作用，因而也被许多信息系统所采纳。其中，信息质量从全面质量管理中所采纳的最重要的一条原则就是关于信息产品质量管理的原则（Wang, Lee, Pipino and Strong, 1998；Wang, 1998）。

Lee, Pipino, Funk 和 Wang（2006）提出了以下四条信息管理的原则：

①理解信息用户的需求；

②以一种良好定义的流程来管理信息；

③管理信息产品的生命周期；

④指定一位产品经理来管理所有的信息流程和产品。

采用这样的产品管理模型来管理信息的一个好处就是：可以以一种企业级的视角来看待企业中的信息。在 IQM 的流程中，有四个十分重要的关键人：数据提供者或收集者、数据的维护者（IT 员工）、信息产品消费者以及信息管理者。

长久以来，IQM 已知被认为是 IT 部门，即信息维护者的职责。然而，作为组织的资产，信息并非属于或受控于公司的某个特定的团体或部门，而是属于整个组织的。这样的理解也引出了数据管家（data stewardship）的概念，即指定某个特定人员或是团体而非信息的拥有者来"照看"企业信息（Seiner，2005）。

然而在许多组织中，信息产品常常会被用于内部和外部的客户，同时也定期创建新的以及更新已有的信息产品。因此，有关信息质量的另一个重要观点便是与如何在组织层面管理和控制信息质量的方法和技术的原则，而非仅仅是为了某个特定的项目或初衷。这种情形与我们在软件开发中学到的很相似：软件产品的长期成功取决于在建立起组织级别的能力模型和成熟度，使这种成功能够在将来不断复制和改进。举例来说，Baskarada（2009）开发了一种 5 级的 IQM 成熟度与能力模型，每一级都对应需要满足的一定的成熟度指标。

在 IAIDQ 的信息质量框架中，有两个部分涉及了组织层面的信息质量问题。第一个是信息质量策略和监管领域，主要是为了解决如何在组织范围内信息开发和控制的问题。Thomas（2010）将数据监管定义为"与数据相关的决策和授权"。在数据监管中，一个很重要的概念就是数据管家——某个组织或个人对数据的恰当使用和维护负有管理职责。另一个领域则是信息质量环境与文化，主要是为了让组织中任何职务的成员，都要对信息的质量以及其持续改进有责任感。

二、利用信息质量管理能力成熟度模型去衡量信息质量水平

国际信息与质量协会（International Association for Information and Data Quality，IAIDQ）根据多方的调查和报告，制定了一个关于信息质量管理的

能力成熟度模型（Information Quality Management Capability Maturity Model，IQM-CMM），如图6-12所示。

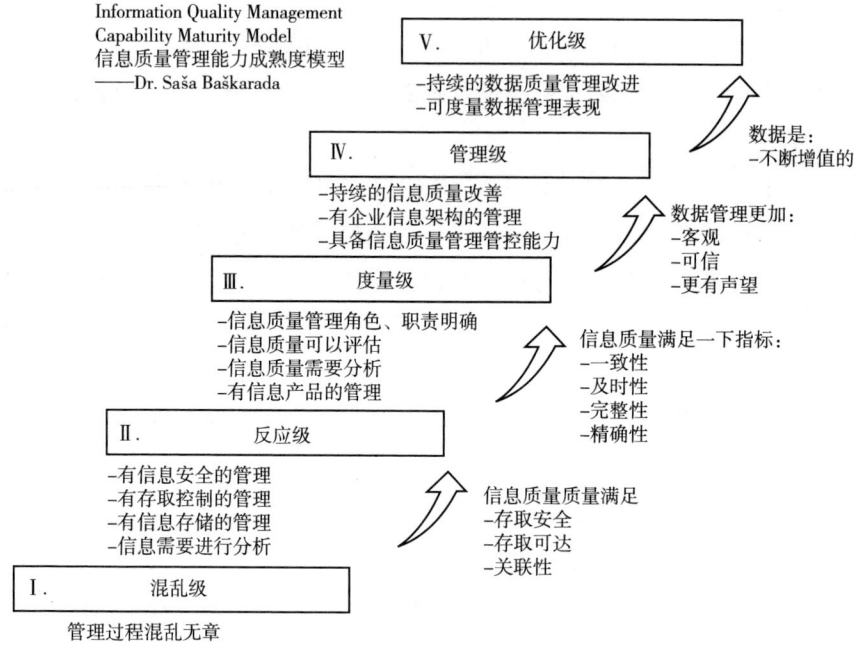

图6-12 信息质量管理能力成熟度模型

（一）Level I. 混乱级

成熟度一级，无序级别。从定义上解释就是指无法满足任何成熟度指标。当组织不能满足模型成熟度二级定义的任何评估指标即被定义为混乱级别，即成熟度一级。

成熟度一级的组织可能某些地方有一些基础的信息管理流程，但是，组织的这些流程没有文档化和标准化，也没有一定的执行度。所以"混乱级"的组织，无法评估也无法提高其管理的信息的质量。或者说，这样的组织还不知道数据质量问题到底在哪里。

（二）Level II. 反应级

处于成熟度二级的组织已经逐步意识到组织内可能隐含的信息质量问

题。但是，他们仍然停留在只有当信息质量出现问题时才会有反应的层面上。

反应级的组织在某些地方对于基本的信息管理流程已经文档化、标准化并具有一定的执行能力，但是组织仍然缺乏详细的数据质量管理行动。

成熟度二级的组织，已经能够清晰地识别利益相关者（如信息供应商、信息管控者、信息拥有者和用户）的信息需求，并且已经开发了概念上的、逻辑上的和物理上的数据模型。

从存储管理策略上讲，组织已经能够保证重要的信息开始定期的存储和备份，并且这些复制备份的信息能够得到恰当的管理，信息销毁前有审核。

存取控制策略能够保证只有获得许可的人才能从信息系统里获得信息，并且能够保证可以按时间先后追溯进入系统的用户的所有活动。

此外，安全策略可以确保敏感信息都能得到合理的分类、传输及处理。

（三）Level III. 度量级

处于成熟度三级的组织，可以在信息的整个生命周期内，都能将信息当作产品进行管理。因此，组织可以将信息流文档化，并且能对信息供应链进行恰当的管理。

此外，通过配置管理流程，可以保证任何数据的变更都能得到回复。并且从某种程度上，可以对全部的信息产品从表述上做到"外观—感觉"一致，并因此而受益。

另外，达到"度量级"级别的组织能够建立元数据注册，这意味着元数据已经与普通数据的管理区分开。

能够识别出主要理想相关者的信息质量需求并建立相关的信息质量维度，并转化为可定性、可量化的指标，定期地进行信息质量评估。

最重要的是，能有一个专职的对信息质量管理负有责任的项目经理，通过培训流程确保每个人都具备相关必要的技能。

（四）Level IV. 管理级

具备四级成熟度的组织，就是能够按照信息质量管理的角色和职责进行严格的管理并为此承担责任，组织同时为这些角色和职责提供必要的激励和奖励。

"管理级"的组织学习业内先进组织的数据质量方法,并在组织内部建立标杆。并将组织战略与数据质量管理成就、关键绩效指标结合起来,把数据质量管理纳入组织的战略管理规划中去。

"管理级"的组织可以在商业过程的改善中识别、发现问题的根本原因并持续提高信息质量。而且,具备这种特质的组织开发了最大化的信息交互和信息集成的架构,并已将其文档化。

(五) Level V. 优化级

处在成熟度第五级别的组织,能够通过组织内部/外部的标杆,持续地监控信息质量管理的成果和表现,以推动信息质量管理的持续改进。"优化级"的组织是信息质量管理中的顶级组织。

总结:成熟度模型是目前世界公认的高质量产品进入国际市场的通行证,它不仅仅是对产品质量的认证,更是一种过程改善的途径。通过CMM的评估认证不是目标,它只是推动软件企业在产品的研发、生产、服务和管理上不断成熟和进步的手段,是一种持续提升和完善企业自身能力的过程。如果一家公司最终通过信息质量成熟度的评估认证,就标志着该公司在信息质量管理的能力已经上升到一个新的高度。具备高质量的信息不仅能够提升信息为企业带来的价值,也为企业增强自身竞争力、扩展客户提供了有力的保障。

三、用双方熟悉的语言和思维方式推动企业执行信息质量管理

与企业信息化一样,企业和信息公司存在天然的沟通鸿沟。为更好地推动企业提高信息质量,咨询方与实施方应当结合企业环境以一种对方容易接受的方式进行表达。为此,本部分提出了以下几种打破鸿沟的办法。

(一) 建立默契

"数据质量管理",强调的是管理,完成的目标是提供优质数据。数据、质量、管理这三个词容易造成理解上的本末倒置,容易弱化管理的行为而强

化了数据的自然属性,这就产生了一种阻碍说服高管们动员力量来注重数据质量的上下文语境。一旦管理团队认识到 DQM(Data Quality Management)是管理事务,需要跨越组织中业务部门和技术部门,那么下一个挑战就是如何说服潜在的赞助者和股东,让他们知道应该关心数据的质量并付诸行动;实际上,这本来就是他们应该处理的问题,而非市场或者 HR 或者采购的问题。我们需要用一种能引起高管或董事会关注的方法来描述数据质量管理的各种元素,并以此获得"共识"(共同创造数据质量管理目标的激情)。

NLP 提示我们,人们会用不同的方式理解周围的世界(次感元),而人们认识周围世界的方式是可以被影响或者被说服的,方法很简单,就是通过当你描述期望的行为或者提出你的论点时与他们的次感元产生回应(见表 6-2)。

表 6-2 神经语言学技术中的次感元

次感元	对次感元有暗示作用的语言
听觉	"我能听到你所说的" "听起来不错" "那有点不着调啊" "这听起来是真的"
视觉	"我能看见你从哪儿来" "告诉我这个方案看起来怎么样" "一切看起来很明朗"
动觉(肌肉运动知觉)	"觉得这是错的" "我感到有一定阻力" "基于此,我愿意接触"

通过这种方法,就建立起了一种默契,并且开始将项目的思路朝着期望的结果引领。也就是说,如果这种技巧掌握得当,利用次感元围绕着管理数据的质量这一概念的文化转变,会帮助你得到支持并主导数据质量项目。

(二)管理次感元

目前我们确定了 6 种管理次感元(下面将用时髦的"××体"来给大家作解释),来提高公司管理层或是股东对"数据质量管理"的关注。

1. 金融体。金融领域里工作的管理者会用数字的术语思考,用投资回报率、财政预算影响或者作业成本法这样的术语来表达他们的想法。这些管理者通常在财务部门工作或者有会计从业背景。

2. 风险体。经常用风险领域工作的管理者则倾向于用风险管理、合规性审计、风险成本、合规成本、失败概率，或者严谨评估的必要性这类术语来思考。这类管理者通常会在组织的风险管理部门工作。但是，其他业务部门的管理者也可能会用这种方式思考。

3. 法律体。在用这个领域工作的管理者通常倾向于用"谁会因为什么起诉我们"或者是"我们可以起诉谁"这样的思路来思考。他们倾向于寻找在情况复杂时能让他们脱身的"外部事物"，而这些一般是在他们合理的控制范围以外的。这看起来有点像用风险体，然而它们的侧重点却有一些微妙的差别。除了违反法律规章的风险外，它们还会考虑被起诉的风险。这类管理者通常有法律从业背景，但是却不一定当作律师。他们比较喜欢由证据、可核查原因和影响串成清晰的一串来思考。

4. 交付体。采用交付体模式的管理者，倾向于运作基于项目的组织。他们关注什么是可交付使用的，以及每阶段的工作可交付的部分将是什么样的。在他们的世界观中，如果没有能够按时交付的实体，那么一切都是没有价值的。

5. 技术体。那些用技术体思考和表达的管理者倾向于讨论技术。然而他们或许并不了解 techno 和 babbalian 之间的联系。用这种逻辑思考的人们常常会对组织的所有领域感兴趣，他们可能来自各种不同的背景。

6. 数据质量体。用数据质量体的人一般就是我们这类人。我们会根据事物是否达到或者超过知识工人的期望，以及数据质量管理对组织在信息时代取得成功所起的至关重要的作用来看待问题。我们倾向于（至少心理上会）衡量一个五金店的店员会花多少时间来核实一个不能扫描条形码的东西的价格。

（三）构建管理的和谐

组织中任何位置的管理者都会用到一种或者多种次感元。一个管理者通常都会精通某种特殊规则，因为他们在该领域的管理次感元让他们适合这种规则。在另一些情况下，管理者会为了他们置身其中的规则开发一种特殊的次感元（或者是一个次感元的集合）。

建立管理的和谐与建立人际间和谐所用的方法是类似的，那就是协调和引导。我们跟企业领导们讨论数据质量管理的含义时，他们或许会点头、微笑并且同意我们的某些观点。然后其会数着时间盼着我们能说些和他们发生共鸣的事情。如果领导用的交付体次感元（因为他有很强的项目管理背景）并且其中带着明显的金融体痕迹，他头脑中就是想知道我们打算卖什么东西，会有多大成本，以及怎样节省（以及为谁节省），同时他也需要看到可交付使用的东西，一定要有一套可以作为工作成效的实体产品（如数据整合或者清理的工具、评估报告等）。

想要尝试使用某个人不使用的"语言"或者思维模式来说服他执行数据质量管理，一定会是竹篮打水一场空。开始一个数据质量管理项目之前，必须先试着确定一下项目投资人用的是什么模式，他在构架世界观时用什么"语言"。

本章小结

本章以改进电力需求侧信息质量为目标，从方法和组织制度两个方面给出了部分解决方案，以及提出了基于 IP－UML 的电力需求侧信息质量改进方法，并对电力需求侧信息质量管理的组织、制度与策略进行了若干方面的讨论。与信息质量评价不同的是，仅依靠单一的信息质量改进方法对信息质量的提升意义不大，信息质量的提升需要一种可靠的改进方法，但更多地需要将信息质量提升和有效管理融入企业/机构的日常活动中，形成有效的组织、制度和问责机制，并尽可能地创造出一种螺旋上升的信息质量循环。信息质量的改进是漫长的、无休止的过程，离不开信息管理人员的努力和坚持。希望本章提出的电力需求侧信息质量改进方法和相关对策，可以为相关管理人员提供一定的参考和借鉴。

第七章

结论与展望

一、结 论

本书探讨了电力需求侧管理信息质量评价与改进问题,给出了具有一定普遍意义的分析方法。撰写前期,笔者查阅大量电力需求侧管理方面的文献,发现针对电力需求侧信息质量评价的研究较少。为了打破这样的困境,笔者坚持从无到有的原则,确定电力需求侧信息质量的科学问题后,进行了系统紧凑的研究内容设计。本书首先提出了电力需求侧信息质量测量框架与尺度的定义,随后构建了信息质量评价对象——电力需求侧信息库,接着从电力企业和用户的角度出发,基于扎根理论对电力需求侧信息质量进行研究,构建出以负荷信息、监控信息、管理信息和政府规划信息为一级指标的电力需求侧信息质量评价指标体系,利用层次分析法分析影响电力需求侧信息质量的相关因素进行权重确定,并基于可拓综合评价法进行实证分析,最后提出了电力需求侧信息质量的改进方法,最终构建一套电力需求侧信息质量的系统性的理论和方法体系,以期丰富现有电力需求侧信息管理的理论、工具和方法。

本书的主要研究结果如下:

(1)构建了电力需求侧信息质量测量的框架与尺度,包括框架的定义、尺度的构建与定义,为后续信息质量的评价和改进提供框架支撑。

(2)提出并构建电力需求侧资源信息搜集、分析、储存的平台——电力需求侧信息库。这样专业的电力需求侧信息库可以打破目前电力需求侧信息分散在不同信息平台中的局面,不仅能为电力需求侧信息存储查询等工作提供便利，还可以动态跟踪信息的来龙去脉，进行相应的调整，更为本书中的电力需求侧信息质量的研究提供了集中统一的信息平台和数据支撑。

（3）运用扎根理论构建电力需求侧信息质量的评价指标体系。基于第三章对电力需求侧信息质量评价维度的分析，运用扎根理论编码形成影响电力需求侧信息质量的 34 个范畴，再通过反复归纳聚类，形成 10 个主范畴，最终将 10 个主范畴纳入负荷信息质量、监测信息质量、管理信息质量和政府规划信息质量 4 个维度。在此基础上构建整体指标评价体系，并全面详细地叙述了该评价指标体系中各指标的具体含义。明确影响电力需求侧信息质量的各因素权重。引入层次分析法对评价体系各指标权重进行确定，减少因主观因素造成的偏差，保证了指标权重的科学、合理。

（4）为了验证本书构建的电力需求侧信息质量评价体系的有效性，利用可拓综合评价方法，对 Z 市智慧电力示范园区进行了实例验证。通过计算可拓理论中关联度计算来确定智慧电力示范园区电力需求侧信息质量等级，并且分析出影响智慧电力示范园区电力需求侧信息质量的重要因素，从而可以有针对性地进行优化，提高电力需求侧管理水平。结果表明，该园区电力需求侧信息质量评价级别为"优秀"，评价结果与实际情况相符，证明了本书的评价指标与评价模型的科学有效性。

（5）提出电力需求侧信息质量的改进问题，并建立基于 IP – UML 的信息质量改进方法，并以大客户包装为实例进行了说明，此外，就电力需求侧信息质量改进的策略和对策进行了讨论。

本书所有研究内容的设计体现了研究的系统性。从电力需求侧信息质量测量指标和方法来看，先建立信息质量测量的框架和尺度，再确定指标体系和测量方法；从信息质量评估的内容来看，先建立电力需求侧信息搜集和分析的数据库平台——信息库，再对信息库进行信息质量的评价和改进。因此，这部分内容从无到有，一环扣一环，并非简单针对信息质量某一部分进行研究，而是层层递进，直到最终解决电力需求侧信息质量的问题。

二、展 望

虽然本书对电力需求侧信息质量进行了一定研究，获得了一些创新性成果，建立一套比较完善的电力需求侧信息质量测量体系与改进方法，特别是其信息质量的框架、指标体系、评价与改进等内容进行了深入的研究。但是，还有很多问题需要在后续研究中解决：

（1）信息库的构建方面，虽然提出了信息库的描述字段和管理模式，但是在后续具体的建设和实施过程中可能存在其他问题，这需要随着实践的深入跟踪发现问题并提出合适的解决方案。

（2）电力需求侧信息质量改进方面，主要是以大客户报装为例进行说明，提出了基于 IP – UML 的信息质量改进方法，但是还有更多的例子可以挖掘并深入说明。本部分的贡献在于提出了一种具体可实施的解决方案，即后续的其他类型的信息质量改进都可以参照执行。

参 考 文 献

[1] 陈磊, 韩新阳, 温超, 等. 电力需求侧管理信息数据采集系统的开发与设计 [J]. 电力信息化, 2009, 7 (05): 82-85.

[2] 陈欣晖, 欧阳森, 白珊, 等. 广州地区需求响应与信息交互平台建设方案 [J]. 电力需求侧管理, 2014, 16 (03): 36-40.

[3] 丁敬达, 王新明. 网络搜索学术信息的评价影响因素研究 [J]. 图书馆学研究, 2018 (02): 54-60.

[4] 董春泉, 段飞, 匡晔, 等. 基于电力需求侧管理平台的电力管理信息化 [J]. 上海节能, 2015 (08): 440-444.

[5] 杜旭, 申刚, 刘中胜, 等. 电网规划管理信息系统数据库的研究与实现 [J]. 电力系统及其自动化学报, 2013, 25 (02): 163-166.

[6] 范佳佳, 叶继元. 科技网站信息质量形式评价理论模型研究 [J]. 图书馆论坛, 2016, 36 (10): 41-48.

[7] 方必和. 电力需求预测管理信息系统 [J]. 运筹与管理, 1997 (02): 55-59.

[8] 冯缨, 王娟. 社会化媒体环境下的信息质量影响因素研究 [J]. 图书馆学研究, 2017 (07): 2-8.

[9] 高建宏. 电力需求侧信息监控系统设计研究 [D]. 华北电力大学 (北京), 2010.

[10] 国网能源研究院. 能效电厂建设的方法和路径研究 [M]. 中国电力出版社, 2010.

[11] 韩京宇, 宋爱波, 董逸生. 数据质量维度量化方法 [J]. 计算机工程与应用, 2008 (36): 1-6.

[12] 侯毓涛. 高校档案馆微信公众平台服务质量评价指标体系构建研

究[D]. 山西大学, 2019.

[13] 胡琳, 舒予. 机构知识库建库调研阶段的数据质量评价研究[J]. 图书馆学研究, 2017 (07): 34-43.

[14] 胡媛, 韦肖莹, 王灿. 微博信息质量评价指标体系构建研究[J]. 情报科学, 2017, 35 (06): 44-50.

[15] 胡兆光. 需求侧管理理论体系初探[J]. 电力需求侧管理, 2008 (03): 8-11.

[16] 黄思慧, 包平. 图书馆组织氛围测评流程和数据质量控制研究[J]. 图书馆建设, 2017 (09): 83-89, 94.

[17] 黄欣. 电能信息采集系统在电力需求侧管理中的应用[J]. 华中电力, 2011, 24 (05): 49-52.

[18] 姜雯, 许鑫. 在线问答社区信息质量评价研究综述[J]. 现代图书情报技术, 2014 (06): 41-50.

[19] 金燕, 杨康. 基于用户体验的信息质量评价指标体系研究——从用户认知需求与情感需求角度分析[J]. 情报理论与实践, 2017, 40 (02): 97-101.

[20] 李峰, 刘正超, 罗凤章, 等. 广东电网一体化规划信息系统研究与应用[J]. 电力系统及其自动化学报, 2011, 23 (05): 151-156.

[21] 李健, 张军, 苑清敏, 王颖. 在线商品评论对消费者效用的改进分析——基于信息质量和消费者满意度理论视角[J]. 情报科学, 2018, 36 (07): 137-144.

[22] 李晶, 卢小莉, 王文韬. 基于用户视角的网络信息质量评价模型研究[J]. 图书馆学研究, 2017 (09): 38-42, 8.

[23] 李天阳, 汪文琳, 侯跃鹏, 等. 基于元数据的通用数据质量评估工具[J]. 计算机与数字工程, 2012, 40 (12): 148-151.

[24] 李巍, 袁晓婷, 李俊杰, 等. 基于数据挖掘的电力需求侧管理综述[J]. 电力大数据, 2018, 21 (01): 10-13.

[25] 李洋. 网上学术信息质量评价研究[D]. 吉林大学, 2010.

[26] 李仰哲. 中国电力需求侧管理工作的进展[J]. 电力需求侧管理, 2016, 18 (01): 1-2.

[27] 李月琳，张秀，王姗姗. 社交媒体健康信息质量研究：基于真伪健康信息特征的分析 [J]. 情报学报，2018，37（03）：294-304.

[28] 李占奎，刘艳春. MOOC 学习者使用满意度评价研究——基于扎根理论和层次分析研究方法分析 [J]. 东北农业大学学报（社会科学版），2018，16（04）：19-25.

[29] 刘杰，李文婧. 电力营销系统基础数据质量提升方案及其应用 [J]. 2016，39（01）：65-66，72.

[30] 刘俊，罗凡，刘人境，等. 大数据背景下电力需求侧管理的应用策略研究 [J]. 电力需求侧管理，2016，18（02）：5-10.

[31] 刘文奇. 中国公共数据库数据质量控制模型体系及实证 [J]. 中国科学：信息科学，2014（07）：836-856.

[32] 刘文云，岳丽欣，马伍翠，苏庆收. 政府数据开放保障机制在数据质量控制中的应用研究 [J]. 情报理论与实践，2018，41（04）：21-27.

[33] 刘雁书，方平. 网络信息质量评价指标体系及可获取性研究 [J]. 情报杂志，2002（06）：10-12.

[34] 吕洪波. 新型电力需求市场信息管理系统 [J]. 电力需求侧管理，2005（06）：51-52.

[35] 吕亚兰，侯筱蓉，黄成，等. 泛在网络环境下公众网络健康信息可信度评价指标体系研究 [J]. 情报杂志，2016（1）：196-200，207.

[36] 罗毅. 基于粗糙集与模糊综合评价的数据库信息资源质量评价研究 [J]. 情报科学，2015（08）：120-124.

[37] 马雷. 基于 LAB+i 平台的电力需求侧管理案例分析 [J]. 电力需求侧管理，2017，19（03）：61-64.

[38] 马昕晨，冯缨. 基于扎根理论的新媒体信息质量影响因素研究 [J]. 情报理论与实践，2017，40（04）：32-36.

[39] 孟猛，朱庆华. 数字图书馆信息质量、系统质量与服务质量整合研究 [J]. 现代情报，2017，37（08）：3-11.

[40] 莫祖英. 地市级政府公开信息质量评价实证研究 [J]. 情报科学，2018，36（08）：112-117.

[41] 农晋琦，卢益新，刘美平. 水质督察数据评价指标体系的研究

[J]. 中国给水排水, 2011, 27 (22): 22-25.

[42] 秦怀斌, 梁斌, 张雨, 郭理, 邵明文, 戴建国. 基于UML的软件可靠性测试 [J]. 水电能源科学, 2010, 28 (12): 119-120, 53.

[43] 屈文建, 唐晶, 陈旦芝. 高校科研数据质量控制架构与机制研究 [J]. 情报理论与实践, 2018, 41 (11): 45-50.

[44] 舒玉坤, 张国祥. 云图书馆信息系统模型的构建 [J]. 图书情报工作, 2014, 58 (S2): 171-173, 176.

[45] 宋立荣, 李思经. 从数据质量到信息质量的发展 [J]. 情报科学, 2010, 28 (02): 182-186.

[46] 宋维翔, 贾佳. 微信公众号信息质量与用户互动行为关系研究 [J]. 现代情报, 2019, 39 (01): 78-85.

[47] 谭必勇, 陈艳. 我国开放政府数据平台数据质量研究——以十省、市为研究对象 [J]. 情报杂志, 2017, 36 (11): 99-105.

[48] 谭亲跃, 王少荣, 程时杰. 电力需求侧管理 (PDSM) 综述 [J]. 继电器, 2005 (17): 79-84.

[49] 唐继仲. 数据质量评估与提升方法及应用研究 [D]. 上海交通大学, 2015.

[50] 唐琼, 陈思任. 美国联邦政府信息质量保障政策体系及其借鉴 [J]. 情报理论与实践, 2018, 41 (04): 155-160.

[51] 唐瑜, 李扬. 电力需求侧管理决策支持系统中数据仓库的设计与实现 [J]. 电力需求侧管理, 2008 (04): 16-19.

[52] 王世超. 电力需求侧管理数据采集与处理的研 [D]. 燕山大学, 2012.

[53] 王婷婷, 田传波, 谢迎新. 以用户为中心的电力需求侧管理平台设计与实现 [J]. 电网与清洁能源, 2016, 32 (02): 83-88.

[54] 王小云, 蓝少华. 档案信息质量评价之指标权重分析及运用——基于层次分析法 [J]. 档案学通讯, 2010 (01): 41-45.

[55] 徐嘉徽. 电子商务用户在线评论信息质量研究 [D]. 吉林大学, 2016.

[56] 杨军, 宋亚非, 冀博. 电力需求侧管理与服务的信息化平台建设

[J]. 中小企业管理与科技（下旬刊），2015（10）：45.

[57] 杨林. 电力需求侧管理综述 [J]. 中国电力教育，2008（04）：47-49.

[58] 殷雅玉，涂振洲，王众. 基于可拓学的网络信息资源质量等级评价研究 [J]. 科技管理研究，2010，30（13）：94-96，104.

[59] 余芳东. 非传统数据质量评估的国际经验及借鉴 [J]. 统计研究，2017，34（12）：15-23.

[60] 袁维海. 应急信息质量模糊评价研究 [J]. 华东经济管理，2016，30（04）：169-172.

[61] 查先进，陈明红. 信息资源质量评估研究 [J]. 中国图书馆学报，2010，36（02）：46-55.

[62] 曾佳雯. 微信信息质量评价指标体系的构建 [D]. 华东师范大学，2018.

[63] 曾鸣，王良，李娜. 美国电力需求侧资源的应用及其启示 [J]. 华东电力，2013，41（07）：1416-1420.

[64] 张克永，李贺. 健康微信公众平台信息质量评价指标体系研究 [J]. 情报科学，2017，35（11）：143-148，155.

[65] 张淼. 图书馆客户关系管理系统分析与 UML 建模 [J]. 现代情报，2012，32（11）：92-96.

[66] 张宁，袁勤俭. 数据质量评价述评 [J]. 情报理论与实践，2017，40（10）：135-139.

[67] 张宁，袁勤俭. 用户视角下的学术社交网络信息质量影响因素研究——基于扎根理论方法 [J]. 图书情报知识，2018（05）：105-113.

[68] 张玉亮. 基于 UML 方法的突发事件网络舆情信息流风险评价指标体系构建研究 [J]. 图书与情报，2016（03）：1-10，18.

[69] 赵玉遂，许燕，吴青青，等. 应用德尔菲法构建网络健康信息质量评价指标体系 [J]. 2018，30（02）：121-124.

[70] 朱红灿，张冬梅. 政府信息公开公众满意度测评指标体系的构建 [J]. 情报科学，2014，32（4）：31-34.

[71] 朱晓峰，崔露方，赵柳榕，李宇航. 基于公平偏好的微政务信息

公开质量激励效率演化研究 [J]. 情报科学, 2018, 36 (05): 17-23.

[72] 朱晓峰, 叶许婷, 张琳. 新时代下的微政务信息公开质量优化研究 [J]. 情报科学, 2019 (02): 70-76.

[73] 朱益平, 冯玮. 电网规划信息库构建及其管理机制研究 [J]. 科技广场, 2017 (07): 116-119.

[74] 朱益平, 刘春年. 应急信息的数据准确性测量框架研究 [J]. 图书馆学研究, 2017 (13): 88-92.

[75] A. Klein, W. Lehner. Representing Data Quality in Sensor Data Streaming Environments [J]. Journal of Data and Information Quality (JDIQ), 2009, 1 (2).

[76] Çakmak, R.; Altaş, I. H. A novel billing approach for fair and effective demand side management: Appliance level billing (AppLeBill). Int. J. Electr. Power Energy Syst. 2020, 121, 106062, doi: 10.1016/j.ijepes.2020.106062.

[77] Ana-Maria Marhan, Doina Săucan, Camelia Popa, Bogdan Danciu. Searching Internet: a report on accessibility, nature, and quality of suicide-related information [J]. Procedia - Social and Behavioral Sciences, 2012 (33).

[78] Bao, T.; Liu, S.; Bao, T.; Shufen, L. Quality evaluation and analysis for domain software: Application to management information system of power plant. Inf. Softw. Technol. 2016, 78, 53-65, doi: 10.1016/j.infsof.2016.05.007.

[79] Barney, G.; Anselm, S. The Discovery of Grounded Theory: Strategies for Qualitative Research; . New York: Aldine de Gruyter, 1968.

[80] Bi, A.; Luo, Z.; Kong, Y.; Zhao, L. Comprehensive weighted matter-element extension method for the safety evaluation of underground gas storage. R. Soc. Open Sci. 2020, 7, 191302, doi: 10.1098/rsos.191302.

[81] Botega L C, de Souza J O, Jorge F R, et al. Methodology for Data and Information Quality Assessment in the Context of Emergency Situational Awareness [J]. UNIVERSAL ACCESS IN THE INFORMATION SOCIETY, 2017, 16 (4): 889-902.

[82] Castro, M. F.; Bragança, L.; Machado, B.; Andrade, J.; Bragança,

L. European legislation and incentives programmes for demand Side management. Sol. Energy 2019, 200, 114 – 124, doi: 10. 1016/j. solener. 2019. 12. 004.

[83] Chakraborty, N.; Mondal, A.; Mondal, S. Efficient Load Control Based Demand Side Management Schemes towards a Smart Energy Grid System. Sustain. Cities Soc. 2020, 59, 102175, doi: 10. 1016/j. scs. 2020. 102175.

[84] Chamandoust, H.; Bahramara, S.; Derakhshan, G. Day – ahead scheduling problem of smart micro – grid with high penetration of wind energy and demand side management strategies. Sustain. Energy Technol. Assess. 2020, 40, 100747.

[85] Choi J, Lim J, Lee KY. DSM Considered Probabilistic Reliability Evaluation and an Information System for Power Systems Including Wind Turbine Generators [J]. IEEE TRANSACTIONS ON SMART GRID, 2013, 4 (1): 425 – 432.

[86] Chong G, Ji JW, Zheng W. Development and Application of Electric Power Information System Based on Demand Side Management [J]. AGRO FOOD INDUSTRY HI – TECH, 2017, 28 (3): 70 – 74.

[87] Comero, S.; Dalla Costa, S.; Cusinato, A.; Korytar, P.; Kephalopoulos, S.; Bopp, S.; Gawlik, B. M. A conceptual data quality framework for IPCHEM—The European Commission Information Platform for chemical monitoring. TrAC Trends Anal. Chem. 2020, 127, 115879.

[88] Corbets J B, Willy C J, Bischoff J E. Evaluating System Architecture Quality and Architecting Team Performance Using Information Quality Theory [J]. IEEE SYSTEMS JOURNAL, 2018, 12 (2SI): 1139 – 1147.

[89] D B, R W, H P. Modeling information manufacturing systems to determine information product quality [J]. Management Science, 1998, 44 (4): 462 – 484.

[90] Dilruba Ozmen – Ertekin, Kaan Ozbay. Dynamic data maintenance for quality data, quality research [J]. International Journal of Information Management, 2012, 32 (3).

[91] Dimitris Rousidis, Emmanouel Garoufallou, Panos Balatsoukas, Miguel –

Angel Sicilia. Metadata for Big Data: A preliminary investigation of metadata quality issues in research data repositories [J]. Information Services and Use, 2014, 34 (3-4).

[92] Doru CIRNU, Amalia TODORUȚ. QUALITY, MANAGEMENT, INFORMATION, MAIN COORDINATES OF PERFORMING FIRM [J]. Analele Universităţii Constantin Brâncuşi din Târgu Jiu: Seria Economie, 2010, 1 (1).

[93] Eissa, M. M. Demand side management program evaluation based on industrial and commercial field data. Energy Policy 2011, 39, 5961-5969, doi: 10.1016/j.enpol.2011.06.057.

[94] Engelmann, J. ; Fischer, C. ; Nkenke, E. Quality assessment of patient information on orthognathic surgery on the internet. J. Cranio - Maxillofacial Surg. 2020, 48, 661-665, doi: 10.1016/j.jcms.2020.05.004.

[95] Falorsi, P. D. ; Pallara, S. ; Pavaone, A. 2003. "Improving the Quality of Toponymic Data in the Italian Public Administration." In Proceedings of the ICDT'03 Workshop on Data Quality in Cooperative Information Systems (DQCIS'03), ed. T. CAtarci, 71-75, Rome, Italy.

[96] Fosu, S. ; Danso, A. ; Agyei-Boapeah, H. ; Ntim, C. G. ; Adegbite, E. Credit information sharing and loan default in developing countries: the moderating effect of banking market concentration and national governance quality. Review Quant. Fin. Acc. 2020 (55): 55-103.

[97] Francesco Restuccia, Nirnay Ghosh, Shameek Bhattacharjee, Sajal K. Das, Tommaso Melodia. Quality of Information in Mobile Crowdsensing [J]. ACM Transactions on Sensor Networks (TOSN), 2017, 13 (4).

[98] Frenkel, S. ; Guttman, I. ; Kremer, I. The effect of exogenous information on voluntary disclosure and market quality. J. Fin. Econ. 2020 (138): 176-192.

[99] Gharib M, Giorgini P, Mylopoulos J. Analysis of information quality requirements in business processes, revisited [J]. REQUIREMENTS ENGINEERING, 2018, 23 (2): 227-249.

[100] Heather A Richards, Jingbo Zhang, Laura Faye. Creating the foun-

dation data for building a population grouping methodology – lessons learnedat the Canadian Institute for Health Information (CIHI) [J]. BMC Health Services Research, 2015, Vol. 15 (S2).

[101] Helen-Tadesse Moges, Véronique Van Vlasselaer, Wilfried Lemahieu, Bart Baesens. Determining the use of data quality metadata (DQM) for decision making purposes and its impact on decision outcomes — An exploratory study [J]. Decision Support Systems, 2016 (83).

[102] Hinds Richard M, Klifto Christopher S, Naik Amish A, Sapienza Anthony, Capo John T. Hand Society and Matching Program Web Sites Provide Poor Access to Information Regarding Hand Surgery Fellowship. [J]. Journal of hand and microsurgery, 2016, 8 (2).

[103] Horbach Tatiana, Drozd Serhiy, Fedoryk Pavlo. THEORETICAL BASIS FOR RESEARCH OF QUALITY OF ACCOUNTING INSTITUTIONS IN THE ACCOUNTING (FINANCIAL) REPORTS [J]. Modern Economics, 2018 (6).

[104] Çiftçioglu, E. N.; Michaloliakos, A.; Psounis, K.; La Porta, T. F.; Yener, A. Power minimization with quality-of-information outages. In Proceedings of the 2014 IEEE Wireless Communications and Networking Conference (WCNC), Istanbul, Turkey, 6–9 April 2014; Institute of Electrical and Electronics Engineers (IEEE), 2014: 1655–1660.

[105] Joseph KS, Fahey J. Validation of perinatal data in the Discharge Abstract Database of the Canadian Institute for Health Information [J]. CHRONIC DISEASES IN CANADA, 2009, 29 (3): 96–100.

[106] Justyna Żywiołek, Robert Ulewicz. Information Quality Management and the Aspect of Profit and Loss in the Customer Service Process [J]. Multidisciplinary Aspects of Production Engineering, 2018, 1 (1).

[107] Kalair, A. R.; Abas, N.; Hasan, Q. U.; Seyedmahmoudian, M.; Khan, N. Demand side management in hybrid rooftop photovoltaic integrated smart nano grid. J. Clean. Prod. 2020, 258, 120747, doi: 10.1016/j.jclepro.2020.120747.

[108] Kim, C. - J.; Kang, H. S.; Kim, J. S.; Won, Y. Y.; Schlenk, E. A. Predicting physical activity and cardiovascular risk and quality of life in adults with osteoarthritis at risk for metabolic syndrome: A test of the information - motivation - behavioral skills model. Nurs. Open 2020, 7, 1239 - 1248, doi: 10.1002/nop2.500.

[109] Kim S, Lee J, Yi M Y. Developing information quality assessment framework of presentation slides [J]. JOURNAL OF INFORMATION SCIENCE, 2017, 43 (6): 742 -768.

[110] Kun Wu. The Essence, Classification and Quality of the Different- Grades of Information [J]. Information, 2012, 3 (3).

[111] Mauritzen, J. Are solar panels commodities? A Bayesian hierarchical approach to detecting quality differences and asymmetric information. Eur. J. Oper. Res. 2020, 280, 365 - 382, doi: 10.1016/j.ejor.2019.07.001.

[112] Medici, V.; Salani, M.; Nespoli, L.; Giusti, A.; Derboni, M.; Vermes, N.; Rizzoli, A. E.; Rivola, D. Evaluation Of The Potential Of Electric Storage Using Decentralized Demand Side Management Algorithms. Energy Procedia 2017, 135, 203 - 209, doi: 10.1016/j.egypro.2017.09.503.

[113] Memon Muzammil, Ginsberg Lydia, Simunovic Nicole, Ristevski Bill, Bhandari Mohit, Kleinlugtenbelt Ydo Vincent. Quality of Web - based Information for the 10 Most Common Fractures. [J]. Interactive journal of medical research, 2016, 5 (2).

[114] Mendes, D. L.; Rabêlo, R. A.; Veloso, A. F.; Rodrigues, J. J. P. C.; Junior, J. V. D. R. An adaptive data compression mechanism for smart meters considering a demand side management scenario. J. Clean. Prod. 2020, 255, 120190, doi: 10.1016/j.jclepro.2020.120190.

[115] Moges H, Van Vlasselaer V, Lemahieu W, et al. Determining the use of data quality metadata (DQM) for decision making purposes and its impact on decision outcomes - An exploratory study [J]. DECISION SUPPORT SYSTEMS, 2016 (83): 32 -46.

[116] Naiem K. Yeganeh, Shazia Sadiq, Mohamed A. Sharaf. A framework

for data quality aware query systems [J]. Information Systems, 2014 (46).

[117] Nichita M. Enhancing quality of information through risk reporting in financial statements [J]. PROCEEDINGS OF THE INTERNATIONAL CONFERENCE ON BUSINESS EXCELLENCE, 2018, 12 (1): 671 – 682.

[118] Olsen R L, Madsen J T, Rasmussen J G, et al. On the use of information quality in stochastic networked control systems [J]. COMPUTER NETWORKS, 2017 (124): 157 – 169.

[119] Ozmen – Ertekin D, Ozbay K. Dynamic data maintenance for quality data, quality research [J]. INTERNATIONAL JOURNAL OF INFORMATION-MANAGEMENT, 2012, 32 (3): 282 – 293.

[120] Peng Z, Zhang Q. A new method of information quality analysis of power grid dispatching automation system and its application [J]. Power System Protection and Control, 2018, 46 (4): 150 – 157.

[121] Petushkov, S. V.; Vilderman, E. N.; Belov, L. A. Influence of power amplifier's intermodulation distortion on transmitted information quality. In Proceedings of the 2018 Systems of Signal Synchronization, Generating and Processing in Telecommunications (SYNCHROINFO), Minsk, Belarus, 4 – 5 July 2018; pp. 1 – 4, doi: 10.1109/synchroinfo.2018.8457049.

[122] Pouyan, E.; Tala, M.; Spurthy, D. The impact of data entry structures on perceptions of individuals with chronic mental disorders and physical diseases towards health information sharing. Int. J. Med. Inf. 2020, 141, 104157.

[123] Prasanth Anton S, Jayarajah Umesh, Mohanappirian Ranganathan, Seneviratne Sanjeewa A. Assessment of the quality of patient – oriented information over internet on testicular cancer. [J]. BMC cancer, 2018, 18 (1).

[124] Priscilla Carla Menezes Silveira, Antônia Eliana dos Santos Costa, Cleone Cassemiro de Lima. Gagueira na web: qualidade da informação Stuttering in the web: quality of information [J]. Revista CEFAC, 2012, 14 (3).

[125] Ramandi, M. Y.; Afshar, K.; Gazafroudi, A. S.; Bigdeli, N. Reliability and economic evaluation of demand side management programming in wind integrated power systems. Int. J. Electr. Power Energy Syst. 2016, 78, 258 –

268, doi: 10.1016/j.ijepes.2015.11.075.

[126] Ranjit Singh, Kawaljeet Singh. A Descriptive Classification of Causes of Data Quality Problems in Data Warehousing [J]. International Journal of Computer Science Issues, 2010, 7 (3).

[127] Reddy, K. S.; Panwar, L. K.; Panigrahi, B. K.; Kumar, R.; Xu, Y. A dual objective approach for aggregator managed demand side management (DSM) in cloud based cyber physical smart distribution system. Futur. Gener. Comput. Syst. 2020, 105, 843–854, doi: 10.1016/j.future.2017.08.019.

[128] Roger Blake, Paul Mangiameli. The Effects and Interactions of DataQuality and Problem Complexity on Classification [J]. Journal of Data and Information Quality (JDIQ), 2011, 2 (2).

[129] Rousidis D, Garoufallou E, Balatsouka P, et al. Metadata for Big Data: A preliminary investigation of metadata quality issues in research data repositories [J]. Information Services and Use, 2014 (34): 3–4.

[130] Sasa Baskarada, Andy Koronios. Data, Information, Knowledge, Wisdom (DIKW): A Semiotic Theoretical and Empirical Exploration of the Hierarchy and its Quality Dimension [J]. Australasian Journal of Information Systems, 2013, 18 (1).

[131] Shahzad, K.; Jianqiu, Z.; Hashim, M.; Nazam, M.; Wang, L. Impact of using information and communication technology and renewable energy on health expenditure: A case study from Pakistan. Energy 2020, 204, 117956, doi: 10.1016/j.energy.2020.117956.

[132] Sibel, Y. F.; Turkan, K. Evaluation of the reliability, utility, and quality of the information in cardiopulmonary resuscitation videos shared on Open access video sharing platform YouTube. Australas. Emerg. Care 2020 (23): 211–216.

[133] Skyttberg Niclas, Vicente Joana, Chen Rong, Blomqvist Hans, Koch Sabine. How to improve vital sign data quality for use in clinical decision support systems? A qualitative study in nine Swedish emergency departments.

[J]. BMC medical informatics and decision making, 2016, 16 (1).

[134] Tolulope, O. A.; Peter, O. O.; Olubayo, M. B. Techno-economic and environmental evaluation of demand side management techniques for rural electrification in Ibadan, Nigeria. Int. J. Energy Environ. Eng. 2014 (5): 375-385.

[135] Ullah, B. Signaling value of quality certification: Financing under asymmetric information. J. Multinatl. Financial Manag. 2020, 100629, doi: 10.1016/j.mulfin.2020.100629.

[136] Venizelos, V.; George, M.; Venizelos, E.; Georghiou, G. E. Methodology for deploying cost-optimum price-based demand side management for residential prosumers. Renew. Energy 2020 (153): 228-240.

[137] Wang, J.-M.; Ge, X.; Zhang, L.; Zhang, H. Management Index Systems and Energy Efficiency Diagnosis Model for Power Plant: Cases in China. Math. Probl. Eng. 2016, 2016, 1-13, doi: 10.1155/2016/8159871.

[138] Wang, J. M.; Zhu, Y. P. Cost-benefit analysis of DSM energy-efficiency project in low-carbon vision: A case in China. Energy Ed. Sci. Technol. 2014 (32): 645-658.

[139] Wang, J.; Zhu, Y.; Li, Y. EPP Energy Efficiency Calculation andInfluencing Factor Analysis: Cases in China. Math. Probl. Eng. 2015, 2015, 1-8, doi: 10.1155/2015/986562.

[140] Ye F, Qian Y, Hu RQY. A Real-Time Information Based Demand-Side Management System in Smart Grid [J]. Ieee Transactions On Parallel And Distributed Systems, 2016, 27 (2): 329-339.

[141] Yeganeh N K, Sadiq S, Sharaf M A. A framework for data quality aware query systems [J]. INFORMATION SYSTEMS, 2014 (46): 24-44.

[142] Yoojung, C. A Study on the Effect of Bargaining Power on Partnership, Information Quality, and SCM Features. Manag. Inf. Syst. Rev. 2015, 34, 171-189, doi: 10.29214/damis.2015.34.5.009.

[143] Y W, Y W R. Anchoring data quality dimensions in ontological foundations [J]. Communications of the ACM, 1996, 39 (11): 86-95.

[144] Zadeh P A, Wang G, Cavka H B, et al. Information Quality Assess-

ment for Facility Management [J]. ADVANCED ENGINEERING INFORMATICS, 2017 (33): 181-205.

[145] Zhu, Y.; Hu, Y.; Zhang, F. Progressive IRP Models for Power Resources Including EPP. Math. Probl. Eng. 2017, 2017, 1-7, doi: 10.1155/2017/2520346.

[146] Zhu, Y. P.; Feng, W.; Fan, L. Z. An Evolutionary Game study on Implementation of Energy Efficiency Power Plants between Government and Enterprise Considering Carbon Emission Right Trading. Appl. Ecol. Environ. Res. 2019, 17, 699-722, doi: 10.15666/aeer/1701_699722.

附录　电力需求侧信息质量评价调查问卷

本问卷是关于电力需求侧信息质量指标体系各指标权重的研究，需要您提供宝贵的时间完成以下问卷。

请您针对问卷中提到的两个指标的相对重要性加以比较：问卷采用1～9标度法，数字标度的含义及说明如下：

重要性级别	含义	说明
1	同样重要	两因素比较，具有相同的重要性
3	稍微重要	两因素比较，一个因素比另一个稍微重要
5	明显重要	两因素比较，一个因素比另一个明显重要
7	非常重要	两因素比较，一个因素比另一重要的多
9	极端重要	两因素比较，一个因素比另一个极端重要
2、4、6、8	—	上述相邻判断的中间值

【样题】

对于买车来说，您认为一辆汽车的安全性重要，还是价格重要？安全性 ⑨⑧⑦⑥⑤④③②①②③④⑤⑥⑦⑧⑨价格

【提示】

如果您认为一辆汽车的安全性相对于价格十分重要（7），那么请点击左侧（7，十分重要）。如果即不能/不想给出这个两两比较的问题的判断数据，点击同样重要（1）即可。

请仔细填写，保证逻辑性与前后一致性（A：B=3：4，B：C=4：5，那么A＜C），即可传递性！！！

此调查问卷以电力需求侧信息质量为调查目标，对其多种影响因素使用层次分析法进行分析。层次模型如下图所示：

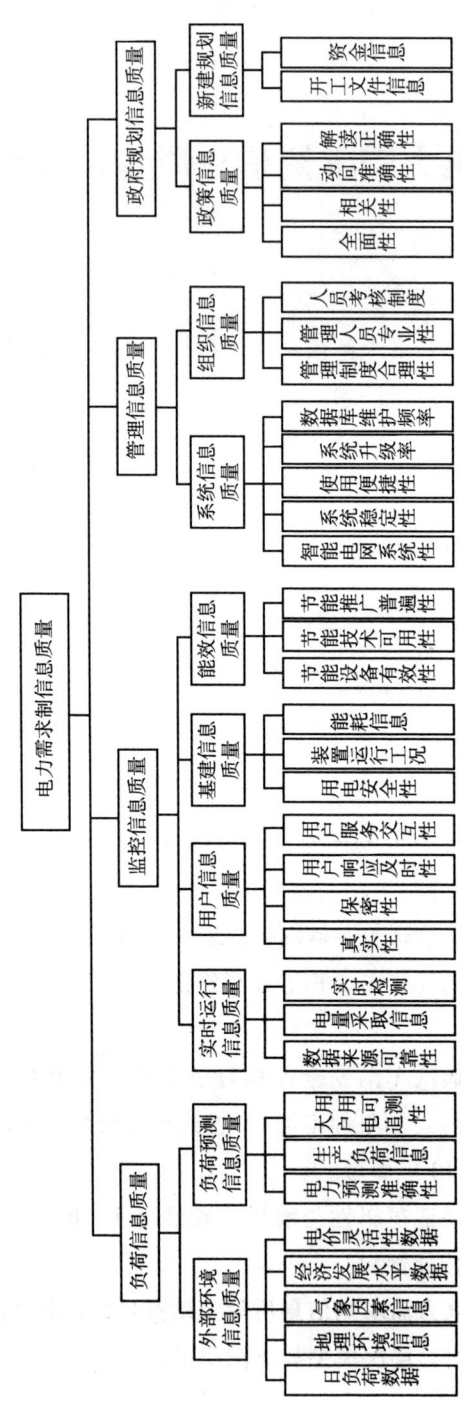

▲第一层指标比较

下列各组两两比较要素,对于"电力需求侧信息质量"的相对重要性如何?(负荷信息质量:是否能够对电力负荷进行准确预测;监控信息质量:是否能实时监测用户、设备等数据;管理信息质量:是否有合理的规章管理制度;政府规划信息质量:是否掌握政府的各项政策和规划意见)

	9	8	7	6	5	4	3	2	1	2.	3.	4.	5.	6.	7.	8.	9.	
①负荷信息质量	○	○	○	○	○	○	○	○	○	○	○	○	○	○	○	○	○	监控信息质量
②负荷信息质量	○	○	○	○	○	○	○	○	○	○	○	○	○	○	○	○	○	管理信息质量
③负荷信息质量	○	○	○	○	○	○	○	○	○	○	○	○	○	○	○	○	○	政府规划信息质量
④监控信息质量	○	○	○	○	○	○	○	○	○	○	○	○	○	○	○	○	○	管理信息质量
⑤监控信息质量	○	○	○	○	○	○	○	○	○	○	○	○	○	○	○	○	○	政府规划信息质量
⑥管理信息质量	○	○	○	○	○	○	○	○	○	○	○	○	○	○	○	○	○	政府规划信息质量

▲第二层指标比较

下列各组两两比较要素,对于"负荷信息质量"的相对重要性如何?(外部环境信息:温度、天气、季节等因素;负荷预测信息:大用电企业生产计划、用电方式等信息)

	9	8	7	6	5	4	3	2	1	2.	3.	4.	5.	6.	7.	8.	9.	
外部环境信息质量	○	○	○	○	○	○	○	○	○	○	○	○	○	○	○	○	○	负荷预测信息质量

下列各组两两比较要素,对于"监控信息质量"的相对重要性如何?(实时运行信息:配电侧、售电侧、低压居民等实时运行数据;用户信息:用电客户的电力数据;基建信息:电网线路、终端设备等信息;能效信息:现有能源节约效率)

	9	8	7	6	5	4	3	2	1	2.	3.	4.	5.	6.	7.	8.	9.	
①实时运行信息质量	○	○	○	○	○	○	○	○	○	○	○	○	○	○	○	○	○	用户信息质量
②实时运行信息质量	○	○	○	○	○	○	○	○	○	○	○	○	○	○	○	○	○	基建信息质量
③实时运行信息质量	○	○	○	○	○	○	○	○	○	○	○	○	○	○	○	○	○	能效信息质量
④用户信息质量	○	○	○	○	○	○	○	○	○	○	○	○	○	○	○	○	○	基建信息质量
⑤用户信息质量	○	○	○	○	○	○	○	○	○	○	○	○	○	○	○	○	○	能效信息质量
⑥基建信息质量	○	○	○	○	○	○	○	○	○	○	○	○	○	○	○	○	○	能效信息质量

下列各组两两比较要素，对于"管理信息质量"的相对重要性如何（系统信息质量：用电设备的更新换代、智能电网系统的利用率等信息；组织信息质量：制度设置、管理人员配置等信息）？

	9	8	7	6	5	4	3	2	1	2.	3.	4.	5.	6.	7.	8.	9.	
系统信息质量	○	○	○	○	○	○	○	○	○	○	○	○	○	○	○	○	○	组织信息质量

下列各组两两比较要素，对于"政府规划信息质量"的相对重要性如何（政策信息：电改等相关政策实施；新建规划信息：新建企业、企业新建项目、电网运行短期和中长期规划等信息）？

	9	8	7	6	5	4	3	2	1	2.	3.	4.	5.	6.	7.	8.	9.	
政策信息质量	○	○	○	○	○	○	○	○	○	○	○	○	○	○	○	○	○	新建规划信息质量

▲第三层指标比较

下列各组两两比较要素，对于"外部环境信息质量"的相对重要性如何（日负荷数据：工作日、周末、节假日等日负荷数据；地理环境信息：地区、地势等地理环境信息；气象信息：温度、湿度等气象因素；经济发展数据：GDP、产业结构等经济发展数据；电价灵活性信息：记录的电价数据是否具有一定的灵活性）？

	9	8	7	6	5	4	3	2	1	2.	3.	4.	5.	6.	7.	8.	9.	
①日负荷数据	○	○	○	○	○	○	○	○	○	○	○	○	○	○	○	○	○	地理环境信息
②日负荷数据	○	○	○	○	○	○	○	○	○	○	○	○	○	○	○	○	○	气象信息
③日负荷数据	○	○	○	○	○	○	○	○	○	○	○	○	○	○	○	○	○	经济发展数据
④日负荷数据	○	○	○	○	○	○	○	○	○	○	○	○	○	○	○	○	○	电价灵活性信息
⑤地理环境信息	○	○	○	○	○	○	○	○	○	○	○	○	○	○	○	○	○	气象信息
⑥地理环境信息	○	○	○	○	○	○	○	○	○	○	○	○	○	○	○	○	○	经济发展数据
⑦地理环境信息	○	○	○	○	○	○	○	○	○	○	○	○	○	○	○	○	○	电价灵活性信息
⑧气象信息	○	○	○	○	○	○	○	○	○	○	○	○	○	○	○	○	○	经济发展数据
⑨气象信息	○	○	○	○	○	○	○	○	○	○	○	○	○	○	○	○	○	电价灵活性信息
⑩经济发展数据	○	○	○	○	○	○	○	○	○	○	○	○	○	○	○	○	○	电价灵活性信息

下列各组两两比较要素，对于"负荷预测信息质量"的相对重要性如何（电力预测准确性：电力系统负荷预测是否能反映电力负荷趋势；生产负荷信息：是否记录企业生产工艺和计划门类和生产规律等数据；大用户用电可追溯性：大用电用户记录的数据是否能反映历史经验和处理能力）？

	9	8	7	6	5	4	3	2	1	2.	3.	4.	5.	6.	7.	8.	9.	
①电力预测准确性	○	○	○	○	○	○	○	○	○	○	○	○	○	○	○	○	○	生产负荷信息
②电力预测准确性	○	○	○	○	○	○	○	○	○	○	○	○	○	○	○	○	○	大用户用电可追溯性
③生产负荷信息	○	○	○	○	○	○	○	○	○	○	○	○	○	○	○	○	○	大用户用电可追溯性

下列各组两两比较要素，对于"实时运行信息质量"的相对重要性如何（数据来源可靠性：采集的数据来源是否可靠，数据是否可用；电量采集信息：采集的数据是否全面和精准；实时监测：运行信息记录是否是实时监测和反馈）？

	9	8	7	6	5	4	3	2	1	2.	3.	4.	5.	6.	7.	8.	9.	
①数据来源可靠性	○	○	○	○	○	○	○	○	○	○	○	○	○	○	○	○	○	电量采集信息
②数据来源可靠性	○	○	○	○	○	○	○	○	○	○	○	○	○	○	○	○	○	实时监测
③电量采集信息	○	○	○	○	○	○	○	○	○	○	○	○	○	○	○	○	○	实时监测

下列各组两两比较要素，对于"用户信息质量"的相对重要性如何（用户信息真实性：居民地址、工作类型等用户信息是否真实；保密性：用户数据是否安全；用户响应及时性：用户响应和信息反馈是否及时；用户服务交互性：用户投诉是否有反馈，用户是否满意）？

	9	8	7	6	5	4	3	2	1	2.	3.	4.	5.	6.	7.	8.	9.	
①真实性	○	○	○	○	○	○	○	○	○	○	○	○	○	○	○	○	○	保密性
②真实性	○	○	○	○	○	○	○	○	○	○	○	○	○	○	○	○	○	用户响应及时性
③真实性	○	○	○	○	○	○	○	○	○	○	○	○	○	○	○	○	○	用户服务交互性
④保密性	○	○	○	○	○	○	○	○	○	○	○	○	○	○	○	○	○	用户响应及时性
⑤保密性	○	○	○	○	○	○	○	○	○	○	○	○	○	○	○	○	○	用户服务交互性
⑥用户响应及时性	○	○	○	○	○	○	○	○	○	○	○	○	○	○	○	○	○	用户服务交互性

下列各组两两比较要素，对于"基建信息质量"的相对重要性如何（用电安全性：基建设备是否能保证安全运行和安全用电；装置运行工况：是否记录装置运行工况及其数据是否完善；能耗信息：是否记录能耗信息及

其数据是否完善)?

	9	8	7	6	5	4	3	2	1	2.	3.	4.	5.	6.	7.	8.	9.	
①用电安全性	○	○	○	○	○	○	○	○	○	○	○	○	○	○	○	○	○	装置运行工况
②用电安全性	○	○	○	○	○	○	○	○	○	○	○	○	○	○	○	○	○	能耗信息
③装置运行工况	○	○	○	○	○	○	○	○	○	○	○	○	○	○	○	○	○	能耗信息

下列各组两两比较要素，对于"能效信息质量"的相对重要性如何(节能设备有效性：节电设备是否能减少电力消耗和电能排放；节能技术可用性：可再生能源是否有用，是否可以替代传统能源；节能推广普遍性：节能环保宣传力度受否足以影响用户的节能意识和用电行为)?

	9	8	7	6	5	4	3	2	1	2.	3.	4.	5.	6.	7.	8.	9.	
①节能设备有效性	○	○	○	○	○	○	○	○	○	○	○	○	○	○	○	○	○	节能技术可用性
②节能设备有效性	○	○	○	○	○	○	○	○	○	○	○	○	○	○	○	○	○	节能推广普遍性
③节能技术可用性	○	○	○	○	○	○	○	○	○	○	○	○	○	○	○	○	○	节能推广普遍性

下列各组两两比较要素，对于"系统信息质量"的相对重要性如何(智能电网系统性：智能电网是否系统完整；系统稳定性：管理系统是否稳定运行；使用便捷性：系统使用是否便捷；系统升级率：系统软件升级率是否达标；数据库维护频率：系统是否进行日常维护)?

	9	8	7	6	5	4	3	2	1	2.	3.	4.	5.	6.	7.	8.	9.	
①智能电网系统性	○	○	○	○	○	○	○	○	○	○	○	○	○	○	○	○	○	系统稳定性
②智能电网系统性	○	○	○	○	○	○	○	○	○	○	○	○	○	○	○	○	○	使用便捷性
③智能电网系统性	○	○	○	○	○	○	○	○	○	○	○	○	○	○	○	○	○	系统升级率

续表

	9	8	7	6	5	4	3	2	1	2.	3.	4.	5.	6.	7.	8.	9.	
④智能电网系统性	○	○	○	○	○	○	○	○	○	○	○	○	○	○	○	○	○	数据库维护频率
⑤系统稳定性	○	○	○	○	○	○	○	○	○	○	○	○	○	○	○	○	○	使用便捷性
⑥系统稳定性	○	○	○	○	○	○	○	○	○	○	○	○	○	○	○	○	○	系统升级率
⑦系统稳定性	○	○	○	○	○	○	○	○	○	○	○	○	○	○	○	○	○	数据库维护频率
⑧使用便捷性	○	○	○	○	○	○	○	○	○	○	○	○	○	○	○	○	○	系统升级率
⑨使用便捷性	○	○	○	○	○	○	○	○	○	○	○	○	○	○	○	○	○	数据库维护频率
⑩系统升级率	○	○	○	○	○	○	○	○	○	○	○	○	○	○	○	○	○	数据库维护频率

下列各组两两比较要素，对于"组织信息质量"的相对重要性如何（管理制度合理性：制度制定是否符合管理要求；管理人员专业性：电力需求侧管理人员是否能处理专业化工作；人员考核制度：有无公平、科学的管理人员考核制度）？

	9	8	7	6	5	4	3	2	1	2.	3.	4.	5.	6.	7.	8.	9.	
①管理制度合理性	○	○	○	○	○	○	○	○	○	○	○	○	○	○	○	○	○	管理人员专业性
②管理制度合理性	○	○	○	○	○	○	○	○	○	○	○	○	○	○	○	○	○	人员考核制度
③管理人员专业性	○	○	○	○	○	○	○	○	○	○	○	○	○	○	○	○	○	人员考核制度

下列各组两两比较要素，对于"政策信息质量"的相对重要性如何（全面性：政策收录是否涉及电力管理的方方面面；相关性：收录的政策与电力电网是否相关；动向准确性：收录的政策与电力发展动向是否一致和准确；解读正确性：电力政策解读是否正确、易理解）？

附录　电力需求侧信息质量评价调查问卷

	9	8	7	6	5	4	3	2	1	2.	3.	4.	5.	6.	7.	8.	9.	
①全面性	○	○	○	○	○	○	○	○	○	○	○	○	○	○	○	○	○	相关性
②全面性	○	○	○	○	○	○	○	○	○	○	○	○	○	○	○	○	○	动向准确性
③全面性	○	○	○	○	○	○	○	○	○	○	○	○	○	○	○	○	○	解读正确性
④相关性	○	○	○	○	○	○	○	○	○	○	○	○	○	○	○	○	○	动向准确性
⑤相关性	○	○	○	○	○	○	○	○	○	○	○	○	○	○	○	○	○	解读正确性
⑥动向准确性	○	○	○	○	○	○	○	○	○	○	○	○	○	○	○	○	○	解读正确性

下列各组两两比较要素，对于"新建规划信息质量"的相对重要性如何（开工文件情况：企业新建项目的审核评审意见是否收录，是否有开工报告；资金信息：企业项目资金落实等信息是否掌握）？[矩阵量表题] *

	9	8	7	6	5	4	3	2	1	2.	3.	4.	5.	6.	7.	8.	9.	
开工文件信息	○	○	○	○	○	○	○	○	○	○	○	○	○	○	○	○	○	资金信息